浙江省社科联社科普及课题成果

浙江省高校思想政治工作研究文库

浙江省教育厅宣传教育与统战处 组编

新时代
高校智慧思政
理论与实践

黄钧辉　丁健龙◎著

ZHEJIANG UNIVERSITY PRESS
浙江大学出版社
·杭州·

图书在版编目（CIP）数据

新时代高校智慧思政理论与实践 / 黄钧辉, 丁健龙
著. -- 杭州：浙江大学出版社，2023.8（2025.8重印）
ISBN 978-7-308-24079-6

Ⅰ.①新… Ⅱ.①黄… ②丁… Ⅲ.①高等学校—思
想政治教育—研究—中国 Ⅳ.①G641

中国国家版本馆CIP数据核字（2023）第143033号

新时代高校智慧思政理论与实践

黄钧辉　丁健龙　著

责任编辑	吴伟伟
文字编辑	梅　雪
责任校对	陈逸行
封面设计	雷建军
出版发行	浙江大学出版社
	（杭州天目山路148号　邮政编码：310007）
	（网址：http://www.zjupress.com）
排　　版	大千时代（杭州）文化传媒有限公司
印　　刷	杭州宏雅印刷有限公司
开　　本	710mm × 1000mm　1/16
印　　张	15.5
字　　数	262千
版 印 次	2023年8月第1版　2025年8月第3次印刷
书　　号	ISBN 978-7-308-24079-6
定　　价	78.00元

序

高校思想政治工作关乎高校培养什么样的人、如何培养人以及为谁培养人这个教育的根本问题，关乎立德树人根本任务的落实，关乎培养社会主义建设者和接班人的教育使命和职责。习近平总书记强调："要坚持把立德树人作为中心环节，把思想政治工作贯穿教育教学全过程，实现全程育人，全方位育人。"①

当前网络已成为青年学生学习生活的"第一环境"，对青年学生的求知途径、思维方式、价值观念都产生深刻影响。学生在哪里、困惑在哪里、焦点在哪里，高校思想政治工作就要跟进到哪里。数字化时代，高校思想政治教育工作者应主动出击，准确识变、主动应变、科学求变，推进数字赋能，创新教育载体，提升育人成效。

习近平同志在浙江工作期间高瞻远瞩地提出了建设"数字浙江"的战略部署，强调要把建设"数字浙江"作为一项战略性任务、基础性工作、主导性政策研究好、落实好。②党的十八大以来，浙江先后推出"最多跑一次"改革，实施数字经济"一号工程"，推进"数字浙江"建设，数字化建设在浙江有着深厚的底蕴。

浙江省委教育工委、省教育厅主动作为，绘制了全省高校智慧思政建设蓝图，开发了高校智慧思政系统，推进特色场景应用，形成了

---

① 全国高校思想政治工作会议12月7日至8日在北京召开[EB/OL].（2016-12-08）[2023-08-05].http://www.gov.cn/xinwen/2016-12/08/content_5145253.htm#1.

② 本书编写组.干在实处 勇立潮头：习近平浙江足迹[M].北京：人民出版社；杭州：浙江人民出版社，2022：74.

"1+4+N"的建设体系。2022年6月，浙江省高校智慧思政系统正式上线，标志着浙江省的思政数字化改革进入了一个新阶段。

浙江省高校聚焦立德树人新场域，紧紧围绕人才培养这条主线，按照"小切口、大场景"的要求，主动作为，瞄准师生最有获得感的领域，从最需要的高频事项入手，构建起了与人的现代化需求相契合、与数字化改革趋势相适应、与现代化教育制度体系相匹配的"大思政"工作格局，打造形成了一批浙江省高校数字化改革的标志性应用场景和成果。

本书是对浙江省前一阶段高校思政数字改革的一次总结，从理论和实践两个方面为新时代高校智慧思政建设提供理论依据和实践方案。创新之处在于从认识论、价值论、方法论等角度回答智慧思政是什么，以浙江的实践回答智慧思政怎么做，并在此基础上描绘了高校智慧思政未来新图景，为省级及高校的思政数字化改革提供了思路、举措和方案。

面向未来，浙江省要聚焦立德树人的根本任务，把握需求牵引、应用为王的要求，着力打造高校思政数字变革高地，当好智慧思政的"领头雁"，全要素、全流程、全业务推进教育数字化转型，不断推动全省高校思想政治工作再上新台阶，在"两个先行"中交出高分答卷。

浙江省教育厅宣传教育与统战处
2023 年 8 月

前　言

党的二十大提出加快建设数字中国。上升为国家战略后，数字中国的发展正式进入快车道，"互联网＋"、"宽带中国"、大数据、5G研发等一系列国家重大工程推动数字中国建设不断向纵深发展，水平稳步提高，成效不断显现。

面对数字化建设的新挑战和新机遇，我国在信息基础设施建设、信息技术创新、数字经济发展、数字惠民便民等领域扎实推进，信息技术产业体系不断优化，发展新动能持续增强，治理能力现代化不断突破，共建共治共享的社会治理新格局初步形成，人民群众的幸福感不断提升，为建设数字中国新征程奠定了坚实基础。

数字技术的不断更迭、逐步普及和全面渗透，深刻改变了传统社会形态，使未来社会成为万物互联的世界。在数字中国的建设过程中，推进教育数字转型成为重要战略任务。教育部部长怀进鹏在 2022 年全国教育工作会议上提出实施国家教育数字化战略行动，《教育部 2022 年工作要点》对此提出明确要求，要积极发展"互联网＋教育"，加快推动教育数字转型和智能升级。[①]

2022 年以来，围绕国家智慧教育公共服务平台建设，教育部全面推进国家教育数字化战略，在助学、助教、助管、助研、助政上发力，深度探索教育数字化的新机制、新模式、新生态。国家教育数字化战略的格局是以基础教育、职业教育、高等教育为"三横"，体现全面覆盖，

[①]　教育部 2022 年工作要点［EB/OL］.（2022-02-08）［2023-05-10］. http://www.moe.gov.cn/jyb_sjzl/moe_164/202202/t20220208_597666.html.

以德育、智育、体美劳育为"三纵",体现五育并举。推动国内教育教学要素按照学段分别融入国家平台架构,有效延伸拓展全民终身学习的通道,积极构建面向学生、教师、学校和社会成员的服务格局。国家智慧教育平台是学习交流、教书育人与备课辅导、学校治理与交流合作的平台,有利于推进教育提质增效,进一步探索我国教育领域的网络化、数字化、智能化建设,打造个性化学习、终身学习与教育现代化的平台,发展中国特色世界一流的数字教育。

高校思政工作的数字化改革正是在这样的背景下拉开序幕,而要回答的问题是"为谁培养人、培养什么人、怎样培养人"这一教育的根本问题。

青年一代是国家的明天和民族的未来。党的十八大以来,党和国家多次强调,立德树人是教育的根本任务,努力培养中国特色社会主义事业建设者和接班人,是关系党和人民事业薪火相传、后继有人的大事。高等教育是社会精神的一座灯塔,高校师生是实现中国梦的生力军。青年学子的理想信念、价值观念、精神面貌和成长成才是衡量高校思想政治工作的重要标尺。习近平总书记在中国人民大学考察时,对教师做好精通专业知识的"经师"和涵养德行的"人师"作出明确指示,培养社会主义建设者和接班人就要做"经师"和"人师"的统一者。① 高校只有做好学生思想政治工作,才能牢牢瞄准人才培养的核心靶向,完成好培养全面发展的时代新人的重大任务。

新时代背景下,如何做好高校思想政治工作,习近平总书记擎起了指路明灯,对高校的育人工作提出了新要求,强调要"把自己的温暖和情感倾注到每一个学生身上,让每一个学生都健康成长,让每一个孩子

---

① 习近平在中国人民大学考察时强调 坚持党的领导传承红色基因扎根中国大地 走出一条建设中国特色世界一流大学新路［EB/OL］.（2022-04-25）［2023-05-10］. http://www.qstheory.cn/yaowen/2022-04/25/c_1128595453.htm.

都有人生出彩的机会"①。实现总书记强调的工作要求，就需要推进思政工作的数字化改革，借助大数据的力量，将数字化与人文化有效地融合。新时代做好高校思想政治工作要因势利导、因势而新、与时俱进，充分运用新媒体的技术优势，将传统做法和信息技术有效融合，增强思想政治工作的时代感、吸引力和育人力。《教育信息化2.0行动计划》提出，要充分利用云计算、大数据、人工智能等新技术，构建全方位、全过程、全天候的支撑体系，助力教育教学、管理和服务的改革发展。②《高等学校人工智能创新行动计划》做出了从数字校园向智能校园演进的安排部署，具体包括运用人工智能改革学习、教学、评价等教育培养的全领域，推动学校治理方式变革，实现校园精细化管理和个性化服务。③因此，做好新时代背景下的高校思想政治工作，必须运用好大数据、人工智能等信息技术，为构建高校思想政治教育提供全过程、智能化支持，真正实现"三全育人"。

　　当前，在信息化、数字化快速发展的背景下，学生获取信息的渠道越来越多，大学生的生活方式、思维模式和行为特征都发生了显著变化，高校传统的思想政治教育方式已难以达到入耳、入心、入脑的效果，思政工作面临众多困难。首先，传统的"上思政课""开大会""集中理论学习"等"大水漫灌"式的思政教育显然已无法满足"00后"大学生多元化、个性化的需求。其次，针对学生多元化、个性化的需求，仅靠辅导员、班主任和思政理论课教师队伍，思政教育与专业教育无法有机结合，容易出现"两张皮"现象，最终难以达成思政育人的目标。此外，在大数据定制化服务、算法推荐、精准营销等的催化下，"信息

---

①　习近平在中国人民大学考察时强调 坚持党的领导传承红色基因扎根中国大地 走出一条建设中国特色世界一流大学新路［EB/OL］.（2022-04-25）［2023-05-10］. http://www.qstheory.cn/yaowen/2022-04/25/c_1128595453.htm.

②　教育部关于印发《教育信息化2.0行动计划》的通知［EB/OL］.（2018-04-18）［2023-05-10］. http://www.moe.gov.cn/srcsite/A16/s3342/201804/t20180425_334188.html.

③　教育部关于印发《高等学校人工智能创新行动计划》的通知［EB/OL］.（2018-04-03）［2023-05-10］. http://www.moe.gov.cn/srcsite/A16/s7062/201804/t20180410_332722.html.

茧房"无处不在，其所导致的信息屏障有可能严重影响人们的思维水平和知识广度，对大学生的思想意识、价值观、认知、行为等产生危害。因此，高校需要站在大数据的时代背景下，科学审视思想政治教育的重要价值，推动思想政治教育的数字化改革。

思政数字化改革大有可为。随着数字化改革在教育领域的深入，高校思想政治教育必须因势而新、顺势而为地搭上数字化改革这班快车。当前，在数字化改革的大潮中，全国各高校思想政治工作在搭建线上平台、创新工作方式、优化评估体系等方面进行了一系列实践探索，如通过移动客户端、论坛、即时通信工具、微信朋友圈、微博等渠道传输思想政治工作信息，使得高校思想政治工作覆盖更广、速度更快、容量更大、效益更高；以大数据为基础精准绘制思想政治教育对象的数字画像，深刻展现其角色身份、行为模式和兴趣特长，达到精准定位教育对象、精准剖析教育需求的目的；借助大数据的聚类筛选功能，科学优选教育服务内容，使教育内容更具针对性和亲和力，进一步提升思想政治教育的成效；通过深挖数据开展数据的识别、采集和辨识，使精准评价教育服务的质量和效果成为现实。通过上述探索和实践，高校思政工作的理念和模式得到了创新性发展，增强了高校思政工作主体间的互动多向性，工作过程变得更加可控，向着更科学、专业、精细的方向转型。思想政治教育研究在数字化改革中，要避免技术至上主义的倾向，大数据为我们提供的不是最终答案，只是参考答案。[①]

未来十年，是数字中国建设的关键十年。以人工智能、大数据、物联网、云计算等技术变革为基础，一大批新业态、新模式迅猛生长，给经济社会发展和人类生产方式注入深刻变革的动力。数字化、智能化的深入发展为构建智慧思政工作体系带来无限可能，以大数据为支撑，以集体研判、全域协同为特征的智联预警系统呼之欲出，从精准走向智慧成为思想政治工作未来发展的根本趋势。本书从理论和实践两个方面

---

① 向征.大数据时代：思想政治教育研究的机遇与挑战［J］.中国高等教育，2017（Z1）：60-62.

对高校智慧思政的相关理论进行梳理和分析，介绍了浙江省在高校智慧思政建设方面的探索和实践，总结了浙江省在高校智慧思政建设中的经验，以期为国内同行了解浙江省高校智慧思政建设情况提供一个窗口，为省域和高校推进智慧思政提供参考。

目 录

上 篇 智慧思政：高校思想政治教育新领域

中　篇　智慧思政：高校思想政治教育新实践

下 篇　智慧思政：高校思想政治教育新图景

上　篇

智慧思政

高校思想政治教育新领域

第一章 智慧思政的机遇与特征

第一节 高校思想政治教育面临新环境

一、高校思想政治教育背景的新态势：教育数字化

习近平总书记极其重视建设"数字中国"，党的二十大报告中明确指出要加快建设数字中国。建设数字中国经历了萌芽起步、试点探索到正式上升为国家战略的过程。党的二十大首次将"推进教育数字化"写进报告，教育数字化的重要意义更加凸显。数字教育是"数字中国"的一个重要组成部分，在推动数字教育、促进教育现代化、实现教育强国，为中国社会乃至世界提供更好的教育平台，建设学习型社会、实现全民终身学习等方面意义重大。

国务院、教育部先后发布了《教育信息化十年发展规划（2011—2020 年）》《教育信息化"十三五"规划》《国家信息化发展战略纲要》《"十三五"国家信息化规划》《新一代人工智能发展规划》《教育信息化 2.0 行动计划》《中国教育现代化 2035》等重要政策文件，指引信息技术与高等教育深度融合，以信息化驱动现代化，为进一步深化网络强国建设提供了指导依据。在加速推进教育数字化方面，教育部把国家教育数字化战略行动作为重大工程写入 2022 年工作要点。

建设国家教育数字化大数据中心是教育数字化战略行动的重要环节。2022 年 3 月 28 日，国家智慧教育平台上线，其中一个重要板块就是国家教育资源中心。该中心为基础教育平台提供了超过 3 万条资源，在职业教育平台上线教育资源库超过 1100 个、在线精品课程 6600 余门，

高等教育平台上线课程 2.7 万门，其用户覆盖了五大洲 140 多个国家和地区。该中心把基础教育、职业教育、高等教育的资源建设统一汇聚起来，利用集中的优势和优质的资源建设国家教育资源中心。

国家教育数字化战略行动要实现服务学生学习、教师教学、学校管理、教育研究以及未来服务教育改革等五大功能。其中，承担就业相关工作的 24365 平台全新迭代升级为"国家大学生就业服务平台"，在提供优质教育资源大数据的基础上，为教育系统和社会提供更为全面、精准的服务。

高校层面，《教育信息化 2.0 行动计划》是引领推动教育信息化转型升级"里程碑式"的政策文件，创新地提出了建成"互联网＋教育"大平台的目标，针对国家和教育部前期发布的各项信息化发展规划，制订了具体的落地实施计划，为新形势下教育变革提供了国家层面的创新战略指引，激发了我国高校信息化大发展的新浪潮。

当前，我国高校数字化改革正在进入"数字校园时代"。数字校园应用先进的信息技术手段，为学校师生提供全方位、智能化的教育服务。数字校园的信息化程度高，依托高速的信息化技术（包括网络、云计算、大数据等技术）实现全面数字化和网络化管理。教育服务方面，数字校园应用信息技术为师生提供全面、智能化的各种教育服务，包括教学、科研、学生管理、校园生活、校园安全等方面。数据化管理是指通过信息化手段对校园的各种运营管理工作进行全面数据化，包括教学评估、学生成绩、教师教学质量、设备使用情况等数据，以便管理者更好地了解校园情况。智能化应用是数字校园依托信息技术实现自动化、智能化的应用，如智慧教室、智慧图书馆等，有利于提高学校的教学、管理水平，提高教育服务的质量和效率。

二、高校思想政治教育对象的新变化：全时域在线

数字化变革已改变所有中国人的生活，大学生是数字原住民，他们成长于数字网络环境、对于数字科技有着天生的敏感度和掌握能力，这就是高校思想政治教育对象的最主要变化。

①上网方式的多样性。智能设备的多样性为学生全时域在线提供了支撑，他们有着全数字化的生活方式，生活中几乎每个方面都与数字、网络有关，例如使用智能手机、电脑、平板电脑等设备，上网、听音乐、玩游戏、看视频等都是其日常生活的一部分。他们习惯数字化的学习方式，倾向于通过互联网获取信息和学习知识，例如，通过网络课程、在线教育平台、电子书籍、在线学习社区等方式学习知识。

②数字社交的多样性。青年学生是社交网络平台的重要用户，他们通过社交媒体与朋友、家人以及同学保持联系，经常使用即时通信工具进行在线沟通，互联网已融入青年学生学习生活的方方面面。因此，高校思想政治教育的对象已发生根本性改变，这也是高校思想政治教育面临的新环境。

③上网时长的增长性。根据中国互联网信息中心发布的第49次《中国互联网发展状况统计报告》①，人均上网时长持续增长。截至2021年12月，我国网民人均每周上网时长达28.5小时，较2020年12月增加2.3小时，互联网深度融入日常生活。上网的便捷性也是支持青年学生全时在线的主要原因。截至2021年12月，我国网民使用手机上网的比例达99.7%，手机仍是上网的最主要设备，移动互联网半虚拟化的交往模式深入青年学生的生活。虚拟人际交往中的行动者具有高度的异质性，可以打破时空、身份的限制，最大化地满足人际需求。这种高度异质性的群体在虚拟交往中越来越能够体会到现实交往甚至超越现实交往需求的满足感。数据表明，截至2021年12月，在网民中，即时通信、网络视频、短视频用户使用率分别为97.5%、94.5%和90.5%，用户规模分别达10.07亿、9.75亿和9.34亿。当个体的想法和观点需要与人共享时，需要一种高效、快速的传输方式来满足即时通信的需求，即时通信、网络视频、短视频正是满足这一需求的工具。

④资讯获取的便捷性。"刷屏"获取资讯是高校思想政治教育对象

---

① 中国互联网络信息中心. 第49次《中国互联网络发展状况统计报告》[EB/OL].（2022-02-25）[2023-05-10]. https://www.cnnic.cn/n4/2022/0401/c88-1131.html.

的新常态，互联网为大学生提供了更为多样的资讯获取途径，包括新闻客户端、社交媒体、在线学习平台等，与传统媒体相比，互联网提供了更多不同类型的信息源。互联网可以实现信息的即时传递和实时更新，大幅缩短了传统媒体的传播时效，使大学生可以更加及时地获取最新资讯。互联网时代大学生获取资讯的方式互动性更强，可以通过社交媒体、即时聊天软件等与他人交流和讨论，获得更多的信息和见解，他们不仅获取资讯和信息，还与他人互动，分享自己的看法和经验，从而获得更丰富的信息和体验。互联网提供了更加个性化的信息服务，大学生通过订阅和定制自己感兴趣的频道和话题，获取更加个性化的资讯和信息，根据自己的需求获取相关的内容。

⑤学习方式的灵活性。大数据营造了一种新的学习环境，进而改变了个体的学习习惯。大学生习惯于在线获取知识，在线学习的适应能力强。在线学习与传统的面对面授课相比，最大的特点是灵活性，学生可以在自己合适的时间和地点进行学习，有更多的自由度和弹性。在线学习也为学生提供了多种交互方式，例如网络讨论组、在线问答、在线实验室等，这些方式可以增加学生之间的互动和交流。在线学习还具有多样性，为学生提供了多种类型的课程，例如视频课程、音频课程、文字课程等，学生可以根据自己的需求和兴趣选择适合自己的学习方式和课程类型。在线学习可以根据学生的学习进度和需要提供个性化的学习资源和指导，例如在线测试、评估、诊断等，这些功能可以帮助学生更好地掌握学习内容，提高学习效率。大量的网络课程发布在互联网上，形成了海量的、智能化的学习资源，通过智能终端，青年学生可以在无处不在的学习资源中进行随时随地的学习。

三、高校思想政治教育内容的新要求：精准化供给

精准化供给是新时代思想政治教育创新的题中应有之义。习近平总书记在全国教育大会上的讲话中强调："培养什么人，是教育的首要问题"，"要把立德树人融入思想道德教育、文化知识教育、社会实践教育各环节"，"努力构建德智体美劳全面培养的教育体系，形成更高水

平的人才培养体系"。①

精准化供给是新时代思想政治教育创新的一个重要方面，已经成为教育教学的重要方向和发展趋势，基于对学生个性化需求的深入了解和认识，针对不同人群、不同层次、不同需求提供有针对性的教育内容、教学方式等，充分考虑学生的差异性，满足学生的成长和发展需要。高校思想政治教育内容的精准化供给能够更好地满足学生的学习需求，提高学生的学习热情和学习动力，帮助学生更好地了解和认识社会，提高学生的思想素质和综合素质，为国家和社会发展做出贡献，实现优化高校思政教育效果的目的。

精准化供给需要进行思想政治教育供给侧结构性改革，要在强化育人主业、优化资源配置、推动教育方式创新、建立评价机制、加强与社会的对接等方面不断深入推进。强化育人主业，坚持以学生为中心，深化思想政治教育的育人属性，以立德树人为根本任务，促进思想政治教育提质增效。优化思政教育资源配置，提高供给效率，突出重点、补齐短板，建立多元化、高效化的教育内容供给体系，用好大数据、互联网等新技术，提高供给效率。推动教育方式创新，增强供给活力，注重思想政治教育的方式创新，采取多种形式和手段，如线上课程、社会实践、竞赛等，提高供给侧的吸引力和亲和力。建立评价机制，强化供给责任，确保思政教育供给质量和效果，注重量化评价和差异化评价，鼓励和支持思政教育供给的创新和改进。加强与社会的对接，提高供给适应性。思想政治教育要有大思政格局，要注重与社会对接，增强思政教育供给的适应性和针对性，通过与社会的交流，不断改进思政教育内容和方式，提高供给水平。

精准化供给需要借助大数据分析技术。通过问卷调查、行为分析等获得相关数据，与学生的学业成绩、课程选修情况等进行整合，对学生的兴趣爱好、学习能力等特点进行分类和分析，为后续的精准化供给提

---

① 习近平出席全国教育大会并发表重要讲话［EB/OL］.（2018-09-10）［2023-05-10］. http://www.gov.cn/xinwen/2018-09/10/content_5320835.htm?tdsourcetag=s_pcqq_aiomsg.

供依据。根据分析数据，为学生提供符合他们兴趣爱好和能力特点的思想政治教育内容，包括线上线下的课程、讲座、研讨会等。在精准化供给中，保护学生个人信息隐私是需要注意的重点，要避免对学生进行过度的数据挖掘和分析，应该尊重学生的主观意愿和选择。

第二节　高校思想政治教育提出新概念

目前，"数字化""智慧化"等相关术语铺天盖地，"数字化时代""数字化改革"成为各级政府、企事业单位、媒体和专家学者高度重视的热门话题。

可是，什么是"数字化"？如何理解"智慧化"？"数字化"是不是"信息化"新瓶装旧酒，套用了一个时髦概念的新说法？如何正确认识"信息化""数字化""智慧化"之间的区别和联系？为了解决这些问题，有必要先来简单回顾一下这三个名词术语的历史。

一、信息化

"信息化"是源于日本的一个概念。1963 年，梅棹忠夫在《信息产业论》中谈到，信息科学技术的不断发展和广泛应用会引发社会变革，让人类社会成为"信息化社会"。[①]1967 年，日本政府的一个研究小组根据"工业化"的概念给信息化下了定义，认为信息化是向信息社会迈进的动态过程，它反映了人类社会发生的根本性转变，即由可触摸的物质产品起主导作用变为由难以捉摸的信息产品起主导作用。

诺拉和孟克的报告 *L'Informatisation de la société: Rapport à M. le Président de la République*（《社会的信息化：给法国总统的报告》）创造了"informatisation"（信息化）这一术语。1980 年，这份报告被译成了英文，即 *The Computerization of Society: A Report to the President of France*。1987 年，孟克在其发表的一篇论文中采用了"informatisation"

①　梅棹忠夫.信息产业论［M］//梅棹忠夫著作集（第14卷）.东京: 中央公論社, 1991: 24.

一词。在报告发表之后，法语、德语和英语的文献中同样采纳了"informatisation"，并且将其拓宽到计算机和远程通信以外的更多领域。

　　国内关注"信息化"自改革开放、确立现代化目标而始。在较长的一段时期内，学术界和政府部门对信息化的表述众说纷纭。有人简单地将信息化等同于计算机、通信和网络技术；有人从生产资料出发进行解释，认为信息化社会就是信息产业占据主导地位的社会。1997年，首届全国信息化工作会议对信息化和国家信息化有了明确的定义：信息化是培育和发展以智能工具为代表的新的生产力，利用其造福社会的历史过程；国家信息化是在国家统一规划和组织下，将现代信息技术应用于农业、工业、科技、国防和社会生活中，通过深入开发利用信息资源，加快实现国家现代化。

　　随着信息化在各项事业中的逐步推进，教育领域也开始关注和研究信息化，提出了教育信息化的概念。教育信息化就是通过深入运用现代化信息技术，在教育全领域开展改革，促进发展，从而形成信息化教育这一全新的教育形态。它包含两层含义：一是从培养人才的目标出发，教育信息化要培养具有信息素养、适应信息社会的人才；二是从教育资源的产出出发，教育信息化要在教学与科研过程中充分利用信息技术手段，实现教育信息资源的开发和利用。

二、数字化

　　早在20世纪90年代，美国就提出了数字化的概念，而后随着2000年硅谷泡沫而趋于沉寂。数字化转型的概念最早出现在2012年，2015年前后被许多国外的信息技术及软件公司大规模使用。2020年，国家发展和改革委员会提出了"数字化转型伙伴行动"倡议。

　　数字化的概念分为狭义数字化和广义数字化。狭义的数字化聚焦"数字""技术"本身，更关注如何用数字增效能。广义的数字化则聚焦"改革"，数字技术只是实现手段，更关注数字技术对各类组织的流程再造、对整个体系的制度重塑。狭义的数字化和广义的数字化都是以信息化高速发展为基础，与传统信息化条块化服务业务的方式不同，数字化更关注的是系统性的变革和重塑。

数字化发展经历了数字转换（digitization）、数字化（digitalization）、数字化转型（digital transformation）等概念变迁。数字转换和数字化在电子数字计算机出现后不久就相继出现。数字转换，也有人称为计算机化，就是将信息由模拟格式转化为数字格式；数字化侧重表达利用数字技术打造流程集成，实现管理优化。数字化转型的概念由国际商业机器公司（IBM）提出，将数字技术视为重塑客户价值、增强客户交互、增进客户协作的重要手段。

2017 年以来，我国的政府工作报告持续关注"数字经济"，《中华人民共和国国民经济和社会发展第十四个五年规划和 2035 年远景目标纲要》明确提出"以数字化转型整体驱动生产方式、生活方式和治理方式变革"，数字化转型上升为国家战略。

以数字经济、数字社会的蓬勃发展为基础，教育领域经过 1.0、2.0 两个阶段的建设，通过起步、应用、融合、创新四个阶段稳步实现变革，目前处于融合与创新并存的阶段。

三、智慧化

智慧化（smartization）是信息化、智能化建设的最新阶段，以深度学习、边缘计算等前沿技术的融入为特征，与"智慧 +"同义，强调所修饰的中心词应用了人工智能领域的前沿技术。

智慧化是指在信息化和数字化的基础上，运用人工智能、大数据、云计算、物联网等新一代信息技术手段，对各个领域的数据进行收集、处理、分析和应用，实现智能化、个性化、高效化的服务和决策支持，从而提高经济、社会、环境的整体效益和生活质量。智慧化可以应用于多个领域，如智慧城市、智慧交通、智慧医疗、智慧农业、智慧工厂等，通过数字化、网络化、智能化的手段，实现数据全面、准确、及时地采集和分析，为各个行业提供智能化的解决方案和优化策略。

在智慧化的实践中，人工智能、大数据和物联网等新兴技术扮演着重要的角色，它们能够帮助企业、政府和组织更好地分析和利用数据，提高数据的价值和利用效率。例如，在智慧城市中，可以通过大数据分析实现城市管理的智能化、优化交通、提高环境保护水平、优化城市公共服务等。

智慧化是新一代信息技术与各行业的深度融合，旨在通过数据智能化的应用提高社会效益、提升生活质量，是推动数字经济、数字社会发展的重要动力。

从概念发展历程来看，信息化、数字化、智慧化，不是三个递进的发展阶段，不过智慧化是信息化、数字化最终的目标，也是发展的必然趋势。信息化是数字化实现的基础，数字化是信息化的高阶。智慧化是数字化的进一步延伸，通过大数据训练出智能，从而在整个系统层面具备了某种智慧，形成了一个整体的智慧生态系统。

信息化、数字化和智慧化是互相联系的，信息化和数字化是智慧化的基础，智慧化是信息化和数字化的延伸和升级。在实际应用中，这三个概念也经常交叉使用。

四、智慧思政的内涵

在解释智慧思政之前，需要先解释什么是高校思想政治教育，它包含什么内容。习近平总书记在全国高校思想政治工作会议上强调，培养什么样的人、如何培养人以及为谁培养人是教育的根本问题，要坚持把立德树人作为中心环节，把思想政治工作贯穿教育教学全过程，实现全程育人、全方位育人。[①] 那么，它包含了哪些内容？2022 年 7 月，教育部等十部门出台《全面推进"大思政课"建设的工作方案》[②]，其中把高校思想政治教育分为思政课、日常思想政治工作和课程思政三类，本书所讲的思政主要是指高校的日常思想政治工作。

---

① 全国高校思想政治工作会议 12 月 7 日至 8 日在北京召开［EB/OL］.（2016-12-08）［2023-08-05］. http://www.gov.cn/xinwen/2016-12/08/content_5145253.htm#1.

② 教育部等十部门关于印发《全面推进"大思政课"建设的工作方案》的通知［EB/OL］.（2022-08-10）［2023-05-10］. http://www.moe.gov.cn/srcsite/A13/moe_772/202208/t20220818_653672.html.

　　智慧思政的内涵是：智慧思政以数字化与思想政治教育融合为核心，以新一代信息技术破解传统思想政治教育中一系列难题为突破口，构建开放而便捷的精准化思想政治教育、智慧化学生事务管理、科学化育人成效评价。智慧思政的整个实现过程要运用新一代信息技术和创新智慧，在不断突破思想政治教育困境中，实现思想政治教育美好愿景，促进人的全面发展。

　　第一，精准化思想政治教育。在大数据背景下，传统的思想政治教育更多的是采用单一、统一的教育模式，已无法满足不同学生的个性化需求。随着人工智能等技术不断深化，个性化、精准化思想政治教育逐渐成为重要方向。根据学生的学习和发展需求，通过精准的数据分析和挖掘，量身定制个性化的教育服务和指导，促进思想政治教育提高针对性、增强有效性，从而推动思想政治教育深入发展。精准化思想政治教育，通过无处不在的数据支持、无处不在的学习资源、无处不在的思政服务得以实现，构建起智慧的思想政治教育生态系统。

　　第二，智慧化学生事务管理。智慧化高校学生事务管理是利用信息技术手段来提高高校学生事务管理效率、便捷性和服务质量的过程。通过智慧化手段，可以实现学生事务管理的数字化、智能化和人性化，从而更好地满足学生的需求和提高学校的管理水平。通过建立学生数据管理系统，可以实现学生信息的集中化管理和信息共享，学生可以通过网络或移动设备随时查询、维护和更新个人信息，进行学籍管理等。建立学生事务服务平台可以提供事关学生大学期间全周期的服务，如新生报到、选课、奖学金评定、心理咨询、毕业设计等，学生可以在线申请和办理相关事务。通过对学生数据的挖掘、存储和研判，可以为学生提供更加精准、高效的事务服务，实现学生需求的预测和响应，提高服务质量和学生满意度，也为精准决策提供数据支撑。

　　第三，科学化育人成效评价。科学化育人成效评价是利用大数据技术和方法，对大学生育人工作的质量和效果进行评价和分析，以实现科学决策和优化育人工作。大数据、人工智能等新一代信息技术不断成熟，教育评价由"经验主义"变为"数据主义"已成大势。利用数据挖掘技术，发掘大数据中的潜在信息，提取有用的特征和模式，建立与大学生育人工作相关的模型和算法。根据模型和算法，对大学生育人工作的质量和效果进行评价，包括学生的综合素质、专业技能、心理健康等多个方面，并根据评价结果不断调整和优化大学生育人工作的内容和方式。

第三节　高校思想政治教育呈现新特征

一、智慧思政提升教育对象新认知

高校思想政治教育的目标具有丰富性和发展性。教育目标内涵丰富，囊括了理想信念引领、道德品质培育、健康人格塑造、心理素质提升、日常行为规范等。同时，教育目标是随着学生思想品德形成的不同阶段、不同需求而不断发展变化的。[①]

促进人的全面发展是高校思想政治教育的最终目标，这是因为高校思想政治教育旨在引导和帮助学生形成正确的世界观、人生观和价值观，发展学生的全面素质，培养具有高度责任感和担当精神的优秀人才。高校思政课程和课程思政进一步塑造和培育学生的世界观、人生观和价值观。通过课程设置和教学方法改革，培养学生的综合素质和创新能力，提高学生的思辨能力和社会责任感。通过组织丰富多彩的社会实践和志愿服务活动，提升学生的实践能力，培养他们的团队协作精神，增强他们的社会责任感和公民意识。通过与企业、社会组织等外部合作伙伴开展合作，引导学生走向社会，扩大他们的视野和接触面，拓宽他们的国际视野，增强他们的全球意识等。

在传统的思想政治教育中，学生个体往往是被动服从的。一是因为传统思想政治教育往往采取单向传授的教学方式。传统教育中，教师通

---

① 刘越，曲建武，宋林萱.精准＋智慧：第四研究范式视角下高校思想政治教育的发展趋势［J］.现代教育管理，2022（9）：119-128.

常是权威，学生则是被动接受知识的对象。这种教育方式限制了学生的主动性和创造性，使得学生只能被动地接受。这种单向传授的教学方式对于学生个体来说，意味着他们缺乏思考和创造性。二是因为传统思想政治教育往往重视"大而全"的知识面。在传统教育中，教育的质量往往通过衡量学生对课本知识的掌握程度（如考试成绩）进行评价，而忽视了学生的兴趣、特长和个性发展。这种方式的弊端是学生个体在学习过程中往往缺乏主动性和积极性。三是因为传统思想政治教育还存在着强化规范的倾向。教育者往往强调传统价值观和行为规范的重要性而忽视了学生自身的成长需求，这种方式的弊端是学生个体往往缺乏对规范的理解。

做好高校思想政治教育的前提和基础在于准确而全面地了解思想政治教育对象，要理解思想政治教育对象的整体特征和个体差异。整体特征指的是思想政治教育对象所具备的一些共性特征，例如学生群体的年龄、性别、文化背景、家庭环境、生活经历等；而个体差异则是指在整体特征的基础上，每个学生个体所具备的不同特点和需求，例如个人兴趣、性格、能力、价值观等。在进行思想政治教育时，教育者要充分了解思想政治教育对象的整体特征和个体差异，针对不同学生的需求，制定出更加有效的教育方案，实现促进学生全面发展的最终目标。因此，新时代高校思想政治教育要"围绕学生成长、关照学生动态、服务学生需求"，充分尊重学生。大数据为准确理解学生的整体特征和个体差异提供了新思路。

大数据分析提供了认识青年学生的全新视角和方式，能帮助高校和教育者更好地理解学生的整体特征和个体差异。通过大数据分析全面了解大学生的行为和偏好，例如他们喜欢参加哪些活动、喜欢借阅哪些书籍等，这些数据可以为学校提供更加全面的学生画像。通过大数据深入分析大学生的学习情况，可以深入了解大学生的学科偏好、学习习惯等，这些数据可以帮助学校为学生提供更加个性化的学习支持和辅导。通过大数据了解大学生的职业发展意向，可以帮助学校了解学生的职业倾向，例如他们喜欢哪些行业、哪些职业等，为学生提供更加个性化的职业规划建议。

大数据分析可以帮助高校更全面地了解大学生的共性特点，有利于高校为大学生提供更加个性化和精准的教育服务，从总体上看，大学生呈现出移动化、社交化、个性化等新特点、新特征。

①移动化。大学生移动互联网使用率高是近年来的一个明显趋势。相关调查数据显示，使用移动互联网已经成为大学生最主要的网络行为之一，尤其是智能手机的普及，使大学生使用移动互联网更加频繁和便捷。大学生通过社交媒体进行沟通和交流，发布和分享自己的想法，例如通过各种学习平台和教育应用进行在线学习和自我提升，通过短视频、直播、音乐、游戏等应用进行娱乐和放松。大学生移动互联网使用率高的原因是多方面的。首先，随着移动互联网技术的不断发展，智能手机、平板电脑等移动设备的普及和更新换代为大学生提供了更加便捷和高效的上网方式。其次，大学生群体年轻、信息接收能力强、接受新事物快，更容易接受和适应新的科技和变化。最后，移动互联网的应用场景丰富多样，符合大学生多元化的需求和兴趣，具有更强的吸引力和便捷性。

②社交化。大学生社交化表现出了多元化、交互性等特点，这些新特点的出现对大学生的社交能力和沟通能力提出了更高的要求。互联网时代，社交关系的多元化成为一种新趋势，大学生不再只依赖传统的朋友圈和同学圈，还通过各种社交网络平台结识不同领域的人士，建立更加广泛和多元化的社交圈。社交媒体不仅仅是一个信息传播的平台，更是一个信息互动的场所，大学生通过社交媒体随时随地发布和分享自己的观点和心情，能够方便地分享自己的想法、感受、经验，也能够了解到更多的信息和观点，并与他人进行讨论和互动，同时也吸引了更多志同道合的人相互关注和交流。

③个性化。在大数据背景下，大学生的个性化特征表现得更加明显和突出，立足于时代变化的新契机，高校需要满足学生对美好学习生活

的个性化和多元化需求。① 具体来说，包括两个方面：一是学生自我选择的个性化。大数据作为资源供给的特征之一便是"量大"，能让大学生自由地获取信息、表达意见和交流思想。这使得大学生更加注重自我表达和个性化展示，更加倾向于独立思考和个性发展。社交网络平台让大学生能够轻松地找到和连接具有同样兴趣和爱好的人群，形成自己的小圈子，这使得他们更加倾向于追求个性化需求的满足，强化了他们的个性化特征。二是服务提供的个性化。大数据技术可以分析学生的行为数据，了解学生的兴趣、爱好、习惯、需求等，从而提供更为个性化的服务。例如，大数据可以分析大学生的学习行为，包括学科偏好、学习节奏、学习时间等，为大学生推荐有针对性的学习资源。大数据还可以分析大学生的娱乐偏好，为大学生提供个性化的音乐、电影、游戏等娱乐推荐。

二、智慧思政提升教育效果新途径

高校思想政治教育的有效性是通过教育活动对学生思想政治素质的提高程度来体现的，本质上是通过高校思想政治教育这一手段，促进学生思想政治素质的提高，以实现人的全面发展和可持续发展。高校思想政治教育的有效性具有多维性、长期性、相对性、可持续性等特点。

高校思想政治工作的有效性体现在多维性上，不仅包括学生在认知、态度、价值观等方面的变化，还包括对学生能力、素质、行为等多方面的影响。高校思想政治工作的有效性体现在长期性上，有效性不是一次性的结果，而是需要长期的实践来考察和验证，是长期积累的结果，需要在教育的过程中不断地实践、总结，不断完善和改进。高校思想政治工作的有效性体现在相对性上，与学生个体差异、教育环境等多方面因素有关，不能简单地用一种标准衡量。高校思想政治工作的有效性体现在可持续性上，有效性应该是可持续的，即能够对学生日常生活和未

---

① 虞亚平.大数据驱动高校思想政治教育：价值定位与价值实现［J］.中国高等教育，2020（6）：31-33.

来发展持续地产生积极的影响，而不是暂时性的。

思想政治教育有效性的实现有两层理解：一是开展思想政治教育能够促进受教育者本身价值的实现；二是思想政治教育具有满足社会、个人期望的功能。思想政治教育通过实际运行能够实现其自身目的和担负的使命。显然第二层理解关系到思想政治教育是有效还是无效的问题，是第一层理解的前提。[①]

在提升高校思想政治工作的有效性方面，传统方法和大数据方法各有优势，应综合运用。主要从教育内容、教育方法、教学评价、师资队伍等方面充分发挥两者的优势，不断提高高校思想政治工作效果。

在教育内容方面，传统的思想政治教育主要通过优化课程设置和教学内容使思想政治教育更加贴近大学生的实际需求和现实问题。例如，将当前社会热点问题和国家政策纳入教学内容、增加教学实践环节等。大数据方法则通过分析大学生的行为和兴趣数据，了解他们的需求和兴趣爱好，利用人工智能技术设计个性化的思想政治教育内容和方式，提供个性化的教学内容，提高学生学习效果。

在教育方法方面，传统的思想政治教育主要以单向传授知识为主，教师讲、学生听，互动相对较少。传统的思想政治教育也在不断改进教学方法，发展出现案例分析、小组讨论、演讲比赛等新方法，增加教学的趣味性和互动性，发挥学生的能动性，调动学生的积极性和参与性。大数据方法则通过分析大学生的课堂行为数据，了解他们的喜好和习惯，利用新媒体、网络等技术手段，构建互动式教学平台，引导学生参与讨论、互动交流，增强学生的思辨能力和师生互动，为教学提供更加个性化、多元化的教学方法。

在教学评价方面，传统的思想政治教育主要利用科学的教学评价体系定期对教学质量进行评估，及时发现问题并加以改进。大数据方法则利用数据挖掘、机器学习等技术，对学生的学习数据、行为数据等进行分析，评估教学质量，从而及时调整教学策略，提高教学效果。教师可

---

① 沈壮海.思想政治教育有效性研究［M］.武汉：武汉大学出版社，2017：141.

以通过实时评价情况及时获得反馈，及时改进教学教育方式。大数据方法的教学评价结果是通过归纳大量数据找出规律，而非经验式的；对学生的评价非单一维度的知识掌握，而是多元的；教育的评价是过程性的，而非结果性的。[①]

在师资队伍方面，传统方法更加注重培养教师的思想政治素质和专业能力，提高他们的教学水平和思想政治教育能力，从而更好地开展思想政治教育。大数据方法则通过分析相关数据帮助教师更好地了解自身的教学行为，不断优化教学手段，提高教学效果和有效性。

思想政治教育活动是由教育者、管理者、受教育者、教育目标、教育内容、教育方法等思想政治教育要素构成的实践活动。根据数据分析结果，教育的有效性是客观的，而不是主观猜测。迈尔-舍恩伯格认为，大数据告诉我们什么是最有效率的，并且揭示那些过去无从发现的谜题，大数据把教育者的有效努力从无效努力中分离出来。[②]

大数据等技术对高校思想政治教育有效性的提升作用明显。思想政治教育的目的不可能自发地实现，需要思政工作者对整个思想政治教育活动发挥主导作用才能实现。提升思想政治教育的有效性需要发挥主体作用，同时与大数据技术有机地结合。这种有机结合可以借助科尔伯格在其道德教育理论中谈到的"匹配"概念来理解。结构匹配的核心内容是思想政治教育者在深刻认识活动的基础上，以教育对象的身心特征和接受思想信息的规律为基本依据，设置和调整思想政治教育的其他要素，实现其与教育对象之间的一种匹配关系、相应关系。

一是学习目标上的匹配。大数据技术可以帮助学生更好地把握学习进度，制定个性化的学习目标，提高思想政治学习目标的科学性和合理性。通过应用大数据技术，教师可以根据大学生的学习历史记录、学习习惯、兴趣爱好等多维度信息，对每个学生进行分析和评估，然

---

① 喻长志.大数据时代教育的可能转向［J］.江淮论坛，2013（4）：188-192.

② 迈尔-舍恩伯格，库克耶.与大数据同行：学习和教育的未来［M］.赵中建，张燕南，译.上海：华东师范大学出版社，2015：10-11.

后制定相应的个性化学习目标，提高学生的学习积极性。通过分析大学生的学习历史记录、学习成绩、教师评估等多维度信息，能提高学习目标的科学性和合理性，使学习目标更符合学生的实际情况和潜力。大数据技术的应用可以帮助实现对学生的学习进度的实时监控和分析，及时发现学生学习进度存在的滞后或超前现象，帮助学生更好地把握学习进度，及时调整学习策略，提高学习效果。

二是学习过程中的匹配。大数据技术可以自动化跟踪学生的学习过程，包括学生在学习过程中的学习行为和偏好等。通过分析这些数据，可以使教育者了解哪些知识点需要更多讲解和练习，哪些学生可能需要额外的支持和关注，以及课程的整体有效性如何。通过对学生学习记录和成绩的数据进行分析，教育者可以识别出可能存在学习困难的学生，并对其提供有针对性的帮助和支持。还可以分析学生对课程材料的使用情况，了解他们对不同类型的材料、练习和活动的偏好，并相应地调整课程内容和形式。总的来说，大数据技术可以帮助教育者优化教学策略，帮助学生优化学习策略。

三是学习评价中的匹配。大数据技术一方面可以为教师提供更加准确、客观、全面的学生评价数据，帮助教师更好地了解学生的学习情况，提高教学质量；另一方面可以为学生提供个性化、实时化的反馈，不断优化学习方法。大数据技术可以收集学生学习过程中产生的各种数据，如考试成绩、作业完成情况、课堂表现等，通过对这些数据的分析，可以了解每位学生的学习情况并进行个性化评价，教师可以及时了解学生的学习情况，对学生进行实时评价。这种评价方式可以及时发现学生的学习问题，及时给予帮助，提高教学效果。因此，分析学生学习数据可以从教与学两个方面更好地发挥主体作用。

在大数据技术的辅助下，高校思想政治教育资源充分供应，思想政治教育对象按需选择，思想政治教育内容实现有效匹配，提高思想政治教育有效性的方法不断涌现。

三、智慧思政推进教育管理新手段

高校思想政治教育管理在高校思想政治教育运行过程中占据重要地位，是推动其得以顺利进行的基本保证。[①] 由思想政治教育者和思想政治教育对象这一基本矛盾衍生出来的一般矛盾贯穿教育管理的全过程，主要体现在角色差异、目的差异、经验差异等方面，这也是教育管理中需要重点把握的基本矛盾。

①角色差异。在教育者和受教育者之间，天然地存在权威性和被动性。思想政治教育者和思想政治教育对象之间的角色定位不同，教育者扮演着引导、启发、教育的角色；而受教育者扮演着接受、理解的角色。

②目的差异。在思想政治教育的过程中，教育者和受教育者之间也存在着不同的目的性。教育者的目的是提高受教育者的思想政治素质和综合素养，让他们成为合格的公民；而受教育者的目的则是获取知识和技能，提高个人竞争力和发掘自我潜力。

③经验差异。教育者往往有丰富的教育经验和专业知识，而受教育者的经验相对较少，对知识的理解和掌握程度不一。这也导致了教育者和受教育者在教育目标、方法、效果等方面存在经验差异。经验差异还来自年龄差异导致的两者在思想观念、价值观念、行为习惯等方面的不同，增加了双方之间的沟通障碍。

教育管理中的矛盾是多方面的，要想协调、平衡这些矛盾，就需要建立良好的管理机制，理顺各种矛盾。随着信息化技术的不断发展，新一代信息技术与高校管理的结合为高校提供了更加精细化、智能化的管理手段和决策支持，提高了高校管理的效率和质量。以下是几种常见的新一代信息技术在高校的运用。

①建设信息化平台是现代高校管理的必然趋势，高校可以通过建设信息化平台实现信息的共享和交流。通过集成各类信息资源，将高校的

资源、服务、管理、教学等各方面信息集合形成一个统一的信息平台，方便学生、教师、管理人员查询和使用。

②高校可以借助云计算技术，实现对各类资源的集中管理和共享。教育云平台可以支持教学管理、学生管理、教师管理等各类业务管理，实现资源的高效利用和共享。此外，教育云平台还可以大大降低教育资源的维护和管理成本。

③运用大数据技术可以帮助高校进行更精准的管理和决策。大数据不仅可以帮助高校了解教育资源的使用情况，更好地进行资源配置和规划，还可以帮助高校进行各类质量评估，发现问题并及时调整。

④人工智能技术可以帮助高校管理人员提高工作效率和准确度。人工智能可以帮助高校进行智能化管理，包括自动化流程和事务处理，提高管理效率和准确度。

目前在高校思政工作与学生事务管理领域相关的数字化应用呈现逐年上升的趋势，覆盖面也越来越广，应用的场景也越来越多。这些数字化应用可以帮助学校更有效地管理学生的学习、生活和其他事务。以下是一些常见的数字化应用。

①招生管理应用。利用大数据技术可以通过分析历史数据，预测未来的招生趋势和热点专业，指导高校制订招生计划；可以更加精准地了解学生的兴趣、爱好、成绩等信息，为招生工作提供依据。

②教务管理应用。教务管理是高校学生管理中非常重要的数字系统之一，主要用于管理学生的课程安排、教师授课、教学评价等。教务管理系统的主要功能包括开设课程、排课、选课、教学评价等，能够帮助高校更好地管理课程安排和教学质量。

③学生事务应用。学生事务应用是学校实现数字化管理的重要手段之一，也是学生管理系统的核心之一。主要用于录入、管理和查询学生的个人信息和学籍信息，提供学生综合服务，申请奖助学金，查询校园消费记录、图书借阅记录，数字档案管理等，为学生提供全方位的信息化服务和支持。

④校园一卡通应用。这是一种高校常用的管理系统。一般来说，学

生使用校园一卡通可以完成进出校园场所、食堂用餐、图书借阅等功能，还可以进行打卡考勤等操作。此外，校园一卡通系统也可以用于学生的消费管理，包括校园卡充值、消费记录查询、挂失与解挂等功能。通过校园一卡通系统，高校可以更加便捷地了解学生的出入、消费和考勤等信息，提高学校管理的效率和准确性。

这些数字化应用不仅可以提高学校的效率和管理能力，使得高校思想政治教育管理不仅有学生信息等静态数据，还有高校的思想政治教育管理过程中的动态数据，还可以获取思想政治教育的历时性数据。大数据将进一步提高高校思想政治教育管理的科学性，同时也让学生更好地获得服务和支持，促进学生的成长和发展。未来数字化技术的不断发展和应用将会进一步推动学生事务管理领域的创新和进步。

第四节　高校思想政治教育推动新理念

思想政治教育理念是对思想政治教育"是什么"以及"应当是什么"根本问题的追问和时代回答，思想政治教育的表征包括思想道德素养、政治理论素养、历史文化素养、理论联系实践能力等多方面的培养。提高思想道德素养，引导学生树立正确的世界观、人生观、价值观，提高道德素养，增强责任感和使命感。培养政治理论素养，树立正确的政治信仰，注重学生对政治知识的学习和了解，包括政治制度、法律法规、国家政策等方面，让学生认识和了解国家的政治制度和法律法规，增强国家意识和爱国精神。培养历史文化素养，引导学生学习传统文化，弘扬人文精神，传承中华民族优秀历史文化，增强民族自信心和文化自豪感。培养理论联系实践的能力，注重锻炼学生的实践能力，引导学生积极参与社会实践活动，提高学生的综合素质及理论与实践相结合的能力。

每一个历史阶段的思想政治教育都有其独特的理念，因为社会和时代的变迁会不断带来新的问题和挑战，需要思想政治教育与时俱进、适应变化。思想政治教育发展的重要力量源于理念的创新。不同的历史时期、不同的社会发展阶段，都有其特定的政治、经济、文化背景，这些背景决定了思想政治教育所要面对的主要问题和挑战是不断变化的。因此，思想政治教育的理念必须把握时代脉搏，与时代需求相匹配。随着信息技术和大数据技术的发展，智慧思政、数字化思政等新兴理念和技术开始推动思想政治教育的理念创新，为大学生日常思想政治教育发展创新开拓新思路、增长新动能，指引精准思政、个性化思政的发展。

一、高校思想政治教育目标的新定位

培养什么人、怎样培养人、为谁培养人是教育的根本问题，决定着教育工作的根本方向和根本任务。党的十八大以来，习近平总书记多次发表重要论述，为教育事业发展指明方向。2018 年 9 月 10 日，习近平总书记在全国教育大会上从党和国家事业发展全局的战略高度，对这个问题做出新的、深刻的阐述，明确提出必须"培养德智体美劳全面发展的社会主义建设者和接班人"[①]。这是对新时代中国特色社会主义教育目的的最新概括，包含辩证统一的两个部分：第一个部分是"社会主义建设者和接班人"，第二个部分是"德智体美劳全面发展"。其中，"社会主义建设者和接班人"明确表达了教育要培养的人才的总体规格和政治属性，确定了人才培养的根本价值方向，体现了又红又专、德才兼备的基本要求。"德智体美劳全面发展"是对教育要培养的人才素质结构的一般表述和普遍要求，规定了具体目标。两者是密不可分、内在统一的，体现了教育的育人价值与社会价值的辩证统一、人才的政治品格和专业能力要求的辩证统一，以及德、智、体、美、劳各个领域素质发展的辩证统一。[②]

人的全面发展学说是马克思主义价值观的根本体现，人的全面发展

---

① 习近平出席全国教育大会并发表重要讲话［EB/OL］.（2018-09-10）［2023-05-10］. http://www.gov.cn/xinwen/2018-09/10/content_5320835.htm?tdsourcetag=s_pcqq_aiomsg.

② 石中英.努力培养德智体美劳全面发展的社会主义建设者和接班人［J］.中国高校社会科学，2018（6）：9-15.

学说是马克思主义的最高命题和根本价值。[①] 人的全面发展问题在马克思的理论著作中无处不在。理解人的全面发展可以从以下四个维度进行把握：一是人的全面发展从本质上讲是一种不断追求的理想，是不断追求自我价值实现的坚定信念。二是人的全面发展与时代发展紧密联系，社会发展是人全面发展的基础，离开了特定的社会发展历史条件，人的全面发展无从谈起，从这个意义上讲，人的全面发展是一个相对的概念。同样，社会的进步与发展也会不断要求人的全面发展。三是个体的全面发展与整体人的全面发展。个人之外没有人，社会之外也没有人，个体的全面发展不能遮蔽个体向度，个体的全面发展既不是个体主义命题，也不是整体主义命题，是对个体主义和整体主义的双重超越，是集体主义的最高表现和完成形态。[②] 四是人的全面发展不是否认人的个性发展。全面发展是个性发展的基础，如果个体的基本素质失去了一定的全面性，那么个体的发展也就失去了个性发展的先决条件和自由发展的前提。

思想政治教育从产生之初就是为了促进人的自由全面发展而存在的，思想政治教育的价值逻辑在于，通过知识、道德和行为规范等多个方面的教育，实现个体自身价值最大化，促进人的全面发展。

智慧思政作为思想政治教育的新形态，突破了传统思想政治教育的物理空间，为实现"每位学生的全面发展"提供了可能，其实质是数字化社会中每个个体都具备自身的主体性。在传统的思想政治教育观念中，教育者占据主体位置，而在数字化时代，更加突出以学生为中心，学生成为思想政治教育中的主体，可以自主选择符合自身需求和兴趣的学习内容和方式，在数字化时代的思想政治教育中，个体的主体性更加突出。

智慧思政可以更好地服务"每位学生的全面发展"。智慧思政通过

---

① 俞可平.人的全面发展：马克思主义的最高命题和根本价值［J］.马克思主义与现实，2001（5）：28-29.

② 陈曙光.论"每个人自由全面发展"［J］.北京大学学报（哲学社会科学版），2019(2)：22-32.

数据收集与整合，汇集学生在校期间的各类数据，包括个人基本信息以及与学习、成长等方面相关的数据，再对这些数据进行整合和清洗，得到一个更完整和准确的数据集。在得到了一个完整和准确的数据集之后，进行数据分析和建模，可以建立个性化的成长模型。在建立了个性化的成长模型之后，新一代信息技术可以提供个性化的成长方案和建议，以帮助个人更好地实现成长和发展。

二、高校思想政治教育主客体关系的新转变

在传统思想政治教育中，教育的主客体关系明确。教育者通常是权威，是主体，而学生则是被教育的对象，是客体。因为教育者拥有更多的知识和经验，所以其处于主体地位，而学生处于客体地位，接受教育者的指导和教育，这种主客体关系呈现出单向性。教育者通常采用"灌输"的教学方式，通过不断重复、背诵和记忆来确保学生掌握教育内容。这种方式强调了教育者的权威性和指导性，而较少考虑学生的个性和自主性。学生被动地接受教育，缺乏主动学习和思考，容易出现对教育内容的机械记忆，而非真正理解和掌握。

这种主客体关系在传统思想政治教育模式中占据着重要的地位，但随着社会的发展和变化，也开始出现了一些问题和不足。首先，传统思想政治教育中，教育者往往没有充分考虑学生的个性和差异性。在教育者占据主导地位时，教育者往往将学生视为一种群体，没有给予学生个体差异的充分尊重和关注，导致学生的学习兴趣和积极性降低，甚至可能导致学生的反感和抵触。其次，传统思想政治教育中，教育者只关注知识的传授，这种单向的教育方式只是将知识和观点传递给学生。

在智慧思政的背景下，思想政治教育主体与客体之间的关系也发生着转变。

①从单向的"教育者—学生"转变为双向的"教育者—学生""学生—教育者"。学生不再是被动接受教育的客体，而是参与教育过程的主体。学生通过大数据、互联网获取更多的教育资源和知识，发挥自己的主动性和创造力，掌握更多的学习和思考方法，不断提高自己的综合素质和

创新能力。

智慧思政为思想政治教育带来了更多的育人资源，丰富了育人场景。在智慧思政的背景下，教育者可以通过分析学生的数据，了解每个学生的个性差异和特点，制定相应的育人策略。同时，教育者也可以通过大数据分析结果不断改进和完善自己的育人方式和方法，使之更加贴近学生的需求。这样一来，教育者不再是单向输出，而是与学生双向互动。

②学生从"客体"属性向"主客体"并存转变。智慧思政实现教育主客体协同参与，主客体关系也转变为多级主体性、平等对话性和双向建构性。[1] 在智慧思政模式下，学生既是客体，也是主体，需要在教育活动中扮演客体和主体两个角色。学生作为教育活动的客体表现在教育活动的目标设定和评价上，育人目标应该是促进学生的全面发展和成长，提高学生的思想政治素养和综合能力，培养学生的创新思维和实践能力。在智慧思政背景下，学生可以自主选择学习的方式和学习的内容，根据自己的兴趣和能力进行学习。利用数字化学习平台、网络资源和社交媒体等工具进行自主学习，发挥自己的主体性作用，参与教育活动的设计、实施和评价，实现个性化发展和全面素质提升。教育客体以自身需要和兴趣获取信息，又主动成为信息再次传播的主体。[2] 因教育客体具备主体性，教育主客体在平等对话的基础上，通过两者的相互影响、相互渗透，实现教学相长。这样的现实情境促使教育主客体协同参与思想政治教育，教育理念也从"以教育者为中心"转向"学生用户理念"。[3]

③教育内容的"统一性"转变为教育内容的"多元性"。智慧思政背景下，育人资源与内容具有海量性、开放性、便捷性等特点，消除传统思想政治教育背景下教育者与学生在知识信息获取方面存在的信息

①   王嘉.大数据时代思想政治教育的转向[J].学校党建与思想教育, 2017（20）: 4-6, 20.

②   徐亮.挑战与创新: 大数据在高校思想政治教育工作中的运用［J］.理论导刊, 2016（9）: 96-98.

③   王功敏.大数据时代大学生思想政治工作导向力研究［J］.思想理论教育导刊, 2018（2）: 137-140.

差现象，虽然没有改变当前高校思想政治教育者的主导作用，但其"知识权威"的地位已经动摇。随着学生不断扩容的信息量，其作为客体被动者的角色也随之发生变化。在智慧思政背景下，教育者可以了解学生的学习情况和学习特点，为学生提供更加个性化和有针对性的教育内容和教学方式。例如，针对不同学生的学习习惯和学习水平，提供不同难度和类型的教育资源和任务，使每个学生都能够得到适合自己的教育内容和教学方式。可以为思想政治教育提供互动性和参与性更强的教育方式。又如，通过在线学习、虚拟实验室、慕课（MOOC）课程等方式，学生可以自主选择学习内容和学习方式，与教育者和其他学生进行交流和讨论，共同探讨和解决问题，发挥自己的创造力和创新能力。

数字化背景下，思想政治教育的特殊载体、领域和空间赋予了其特殊的生存方式和生存状态。数字化改变了主体之间的"在场"方式，更多的文字、图像、视频、音频等信息被呈现，在某种意义上形成了一种虚拟的在场。在虚拟场域中，现实世界中的人也成为虚拟的主体，主体之间的关系不再是直接的感知关系，信息背后的人要通过感知来实现，主体间的信息传播由物理意义转为虚拟现实。这样一来，思想政治教育教育者只有将自身所要传递的信息进行数字化、符号化处理，才可以对受教育者产生影响和发挥作用。

三、高校思想政治教育的新思维

相较于传统的因果思维，关联思维是更适应大数据分析的一种思维方式。传统的思想政治教育思维模式注重样本思维、因果思维和精确思维，以"因果关系链"为线索，通过阐释现象背后的本质，寻求解决问题的良策。[①] 新时代高校思想政治教育需要大数据关联思维，关联思维是一种关注变量之间相关关系的思维方式。在关联思维中，不是把重点放在各个变量之间的因果关系，而是关注它们之间的相关性质。这是因

---

① 郭超，王习胜. 论大数据时代思想政治教育思维方式的转向［J］. 思想教育研究，2017（4）：18-20.

为大数据背景下，数据量巨大，变量之间的关系也异常复杂，需要一种更加简单、更加高效的思维方式以更好地利用数据进行分析和决策。

关联思维中有一个重要的概念——相关系数，它被用来衡量两个变量之间的关联程度。常用的相关系数包括皮尔逊相关系数、斯皮尔曼等级相关系数等。在大数据分析中，相关关系是通过相关系数来衡量的。相关系数是一个介于 –1 和 1 之间的数字，用来衡量两个变量之间的相关程度。具体来说，如果相关系数为正，则表示两个变量呈正相关关系，即一个变量增加时，另一个变量也增加；如果相关系数为负，则表示两个变量呈负相关关系，即一个变量增加时，另一个变量减少；如果相关系数为零，则表示两个变量之间没有明显的关系。

在大数据背景下，相关关系变得更加重要。大数据的出现使我们可以收集更多的数据，分析更多的变量之间的关系，进而发现更多的相关关系。相关关系的发现可以帮助我们更好地理解数据，预测未来的趋势，发现隐藏的模式，优化业务流程等。运用关联思维分析思想信息，提高效率仅仅是一个方面，更为重要的是可以从看似毫不相干、极易被忽视的思想迹象中发现思想"症候"，精准预判思想走势，及时给予思想关怀，提前做好应变预案。①

因果关系与相关关系的关系一直存有争议，概括起来，主要有两种观点。

第一种观点认为，相关关系不是因果关系。尽管两种关系有时会相互关联，但它们是截然不同的概念。在统计学中，相关关系可以被描述为两个或多个变量之间的关系。当一个变量的值发生变化时，另一个变量的值也会相应地发生变化。相关性是通过协方差和相关系数来测量的。与此不同的是，因果关系指的是一个事件或行为是另一个事件或行为的原因或结果。在因果关系中，一个事件或行为会导致另一个事件或行为发生，或者两者之间存在因果机制。如在一些研究中发现，

学习成绩和睡眠时间之间存在相关关系，但这并不意味着更多的睡眠时间导致更好的学习成绩，或者更好的学习成绩导致更多的睡眠时间。实际上，这两个因素之间可能存在其他因素，例如学习动机或健康状况，这些因素可能导致学习成绩和睡眠时间同时提高或下降。迈尔－舍恩伯格提出，大数据不是因果关系，而是相关关系，知道"是什么"就够了，没有必要知道"为什么"。在大数据时代，我们不必非得知道现象背后的原因，而是要让数据自己"发声"。①

第二种观点认为，因果关系是特殊的相关关系。"大数据不仅不是因果性观念的沦陷之地，反倒是进一步充分展开重新刻画因果概念的最好场所。"②因果关系因而可以被看作特殊的相关关系。在因果关系中，一个事件的因直接导致果的发生，可以看出因果关系是单向的。这意味着因果关系只能由因到果，不能从果推导出因。在大数据分析中，因果关系通常被称为"因果效应"或"因果影响"。与此相比，相关关系通常是双向的，这意味着它们可以互相影响，并且可能不存在因果方向。因果关系和相关关系之间存在联系，也有区别。有学者指出，区分相关关系与因果关系可能是一个伪命题，"如何从相关关系中推断出因果关系，才是大数据真正问题所在"③。

在大数据分析中，从因果关系到相关关系的转变是必要的，因为在大数据背景下，数据量巨大、数据来源广泛、数据种类繁多，数据之间的因果关系难以确定，但相关关系更容易被发现和分析。因此，将因果关系转变为相关关系是一种适应大数据分析的方法，可以更好地挖掘和利用数据。

首先，从因果关系到相关关系的转变可以使数据分析更加简单和直观。在大数据分析中，数据的来源和种类非常多，往往无法确定哪些因素对结果产生了实质性的影响。而相关关系分析则能够更加直观地呈现

① 迈尔－舍恩伯格，库克耶.大数据时代：工作、生活与思维的大变革［M］.盛杨燕，周涛，译.杭州：浙江人民出版社，2013：67-89.

② 王天恩.大数据中的因果关系及其哲学内涵［J］.中国社会科学，2016（5）：22-42.

③ 姜奇平.因果推断与大数据［J］.互联网周刊，2014（18）：70-71.

数据之间的关系，使得分析人员更容易理解和发现潜在的规律。

其次，从因果关系到相关关系的转变可以更好地解决数据质量问题。在大数据分析中，数据质量可能受到多种因素的影响，例如数据来源的不确定性、数据缺失的情况等。而因果关系分析需要更精确的数据质量保障，缺乏数据质量的保障往往会导致因果关系分析错误。相比之下，相关关系分析则不需要如此高的数据质量保障，即使存在数据缺失等情况，相关关系分析仍然能够发现潜在的规律。

最后，从因果关系到相关关系的转变还可以更好地适应大数据分析的需求。在大数据背景下，数据规模巨大，因果关系分析需要考虑的因素非常多，时间成本和计算成本都很高。而相关关系分析则可以在较短的时间内获得结果，也更适应大数据分析的需求。

但是，在智慧思政的应用中，必须清醒地意识到，大数据分析的是人的行为与行为之间的相关关系，从相关关系中并不能推导出因果关系，新一代信息技术如大数据、人工智能能够通过相关关系预测人的行为，但无法从行为之间的相关关系中直接推导出人的"思想"。

第二章　智慧思政的价值与作用

第一节　赋能高校思想政治教育科学性

高校思想政治教育科学性的提高是一个长期而复杂的过程，具有系统性、实践性和时代性等特点。提高高校思想政治教育的科学性必须从思想政治教育的本质和意义出发，遵循教育规律和科学方法。思想政治教育的内容应当贴近学生的生活和学习，通过优化思想政治教育内容的方式达成教育目标。充分利用大数据技术是提高思想政治教育科学性的重要手段之一，大数据技术可以从学生的行为、兴趣等多个维度进行数据采集和分析，从而为高校思想政治教育工作提供有力的数据支撑和保障，具体体现在以下几个方面。

第一，高校思想政治教育的本质内涵更加凸显。以生为本是人本主义的教育理念，强调教育应该以学生为中心。智慧思政背景下，高校思想政治教育以生为本的本质内涵更加明确，因为智慧思政的目的就是服务学生的全面发展，旨在帮助学生在思想、品德、知识、能力和文化等方面实现全面发展。以生为本就是要尊重学生的个性和差异，智慧思政赋能高校思想政治教育尊重学生的个体差异，鼓励学生发挥自己的优点和特长，引导他们积极探索自我，发掘自我潜力。在思想政治教育过程中，应该注重个性差异，为学生提供多元化的教育资源和服务，培养学生自主学习、自主思考和自主发展的能力。

第二，高校思想政治教育的内容更加贴近学生。通过优化思想政治教育内容，拉近教育内容与学生的距离并使其贴合学生需求是提高思想政治教育科学性的基础。一是应该贴近学生的实际问题。学生在校园内外面临着各种各样的现实问题，比如学习压力、人际关系、就业难题、心理健康等。要从学生实际需求出发，对这些问题进行科学分析并提供解决方案，只有这样，才能真正满足学生的需求，使思想政治教育目的更为明确、效果更为显著。二是思想政治教育内容应该贴近学生兴趣。学生的兴趣爱好多种多样，选择合适的教育方式和教育内容能让思想政治教育更加有吸引力，提高学生的参与度。三是实现数据驱动的个性化推荐。通过分析学生的兴趣、爱好等多维度数据，可以实现个性化推荐思政内容和学习资源，也可以帮助教师更好地了解学生的需求和差异，及时调整和优化。

第三，高校思想政治教育的评价更加科学。习近平总书记在主持召开学校思想政治理论课教师座谈会时指出，"思政课教学离不开教师的主导，同时要坚持以学生为中心，加大对学生的认知规律和接受特点的研究，发挥学生主体性作用"，"教师选配和培养工作还存在短板，队伍结构还要优化，整体素质还要提升；体制机制还有待完善，评价和支持体系有待健全，大中小学思政课一体化建设需要深化"。[①] 充分利用大数据技术评估思想政治教育效果是提高高校思想政治教育评价科学性的重要手段之一。大数据技术可以帮助高校建立更加科学的评估体系，通过采集和分析学生的学习情况、成绩数据、参加活动情况等各种数据，建立一套科学的评估指标和体系，更加客观地评价思想政治教育的效果。例如，可以通过学生在课程中的表现、成绩、课后作业提交情况等数据，评估课程的教学质量和学生的学习情况。同时，也可以通过学生参加各种活动、组织参与度等数据，评估其在思想政治教育中的参与程度等情况。

---

① 习近平.思政课是落实立德树人根本任务的关键课程［J］.求是，2020（17）：4-16.

第二节 赋能高校思想政治教育精准性

习近平总书记指出，"思想政治工作从根本上说是做人的工作，必须围绕学生、关照学生、服务学生，不断提高学生思想水平、政治觉悟、道德品质、文化素养，让学生成为德才兼备、全面发展的人才"，"做好高校思想政治工作，要因事而化、因时而进、因势而新"。①

提升思想政治教育的"精准化"是当前高校思想政治教育的重要内容。智慧思政可以帮助高校更好地了解学生的兴趣爱好、学习习惯等，有助于提高高校思想政治教育的针对性、有效性和精准性。

第一，高校可以利用大数据技术进行学生画像。通过采集和分析学生的学习数据、行为数据等，得到学生的兴趣、需求、心理状态等信息，从而深入了解学生的思想动态和发展趋势，为高校思想政治教育工作提供有力的数据支撑与保障。学生画像不仅有助于高校制定个性化、差异化的思政教育方案，而且可以为学生提供更加精准的学习和生活指导。

第二，高校可以利用智能化技术推动思政教育的精准化。在信息化技术的支持下，高校可以采用基于机器学习和人工智能等技术的教育评估和监测系统，评估和监测学生的学习和思想发展情况。通过对学生行为和反馈的监测和分析，高校可以精准了解学生的学习状态和学习偏好，及时对学生的学习和思想问题进行干预和引导，促进学生成长与发展。

第三，高校可以利用大数据技术实现精准的思政教育评估。通过采集和分析学生的评估数据，高校可以了解学生对思政教育的认识、态度和行为，并分析不同类型学生的思政教育需求和反馈。同时，高校还可以利用大数据技术对思政教育方案的实施效果进行评估，发现并解决思政教育存在的问题，改进不足之处，不断完善和优化思政教育的质量和效果。

---

① 习近平在全国高校思想政治工作会议上的讲话［N］.光明日报，2016-12-09（1）.

　　智慧思政增强高校思想政治教育精准度的重要应用之一就是学生数字画像,利用大数据形成的精准画像可以准确显现出大学生的行为状态。交互设计之父库珀最早提出"用户画像"这一概念。用户画像是指建立在一系列属性数据之上的目标用户模型,其实质上是根据积累的用户的多源数据对用户属性、行为特征等进行标签化描述,从而形成统计化的数据集合。用户画像有用户属性、用户特征、用户标签三个要素和标签化、时效性、动态性三大特征。大数据可以实现学生"全样本画像""动态化画像""可视化画像"以及"智能化画像"。①学生数字画像包含了学生的基本信息、学习行为、生活习惯、兴趣爱好等多方面的信息,通过采集与处理大量的、多方面的数据,对学生进行多角度、全方位的信息整理、分析和挖掘,生成学生的全面、准确、立体的数据模型,建立起对学生个体和群体的全方位视觉化呈现。

　　学生数字画像具有多个特点。首先,它是一种基于大数据技术的信息展示形式,可以准确、全面地反映学生的各种信息。其次,它是一种动态的信息展示形式,可以随着学生的成长和变化不断更新和完善。再次,它是一种全方位的信息展示形式,可以从学生的个人信息、学习情况、生活习惯、兴趣爱好等多个方面进行展示和分析。最后,它是一种个性化的信息展示形式,可以为每个学生生成独特的数字画像,帮助学校更好地了解每个学生的特点和需求。

　　学生数字画像也可以帮助学生更好地了解自己,发掘自己的潜力和优势。通过对学生个人数据的分析和挖掘,可以了解学生在各个方面的表现和成就,包括学业成绩、社会实践、课外活动、兴趣爱好等。通过这些数据的呈现和分析,学生可以更加全面地认识自己,了解自己的优势和劣势,有针对性地进行个人发展规划。学生数字画像还可以为教师提供更加科学的育人依据和指导,通过对学生数据的分析和挖掘,教师可以了解学生在各个方面的表现和特点,更加精准地掌握学生的学

<hr />

① 操菊华.大数据助力思想政治教育精准用户画像的对策研究[J].三峡大学学报(人文社会科学版),2020(2):63-66,72.

习状态和需求，制定更加个性化的育人方案。

学生数字画像也存在一些问题和挑战。首先，学生个人信息的保护问题需要引起足够的重视。学生个人信息的收集、存储、处理和使用都需要遵循相关法律法规和隐私保护原则，不能泄露学生个人隐私。其次，建立学生数字画像需要投入大量的时间、人力和物力，需要建立完善的信息系统和数据管理机制。

第三节　赋能高校思想政治教育全时性

智慧思政的应用促使信息收集、传输、分析和共享的能力大幅提升，速度大幅加快，彻底打破了时空限制。

高校思想政治教育要全方位、全过程、全时段地开展，智慧思政的应用可以推动高校思想政治教育工作贯穿始终，不断推进，不断完善，进一步促进学生全面发展、全面成长。

一是助力高校思想政治教育全方位开展。全方位指的是思想政治教育要覆盖学生的方方面面，涵盖政治思想、道德品质、文化素养等各方面内容。这样才能真正帮助学生树立正确的人生观、价值观，以及社会责任感和担当精神。在教育的过程中，要采用多种形式、多种手段、多个角度，例如组织读书会、主题班会、社会实践等。

智慧思政可以帮助高校实现全方位的教育覆盖，通过大数据技术对学生进行深度分析，掌握每个学生的兴趣、需求、特长等多方面的信息，从而更好地开展个性化的思想政治教育。可以采用多种方式和手段，包括线上线下、微信公众号、移动端 App 等多种形式，实现全方位的思想政治教育覆盖。

二是助力高校思想政治教育全过程开展。全过程指的是思想政治教育要贯穿学生的整个大学学习过程，从入学时期的新生教育、大学生活和社会实践，到就业指导和职业规划等各个环节，不断地开展思想政治教育。在大学学习过程中，思想政治教育要与学生的学习、生活等方面相互配合，达到全方位、全面覆盖的效果。

智慧思政可以实现教育全程的数字化记录和管理，从而实现对教育的全程跟踪和管理。智慧思政还可以实现对教育全程数据的分析和挖掘，通过对学生学习数据和行为数据的分析和挖掘，发现学生学习的规律和趋势，提供更准确和科学的教学决策支持。

三是助力高校思想政治教育全时段开展。全时段指的是思想政治教育工作要始终贯穿学生的学习生活。不仅在特定的时间、场合、形式下进行，还要贴近学生的日常生活，把教育渗透到学生的生活中，增强思想政治教育与学生日常生活的紧密程度，除了传统的课堂教学，还应该在学生的日常生活中贯穿思政教育的元素，如在学生公寓、食堂等场所中设置思政教育展板、宣传栏，开展主题教育等。

智慧思政可以帮助高校实现教育资源的全时段开放。传统的思想政治教育往往受制于时间和地点要素，学生需要在特定的时间到特定的地点参加教育活动。借助智慧思政手段，高校可以将教育资源数字化，建设数字化平台，使得学生可以随时随地获取到教育资源，例如可以通过网络视频、在线课程、微信公众号等方式进行学习。

高校思想政治教育的全时性需要全体师生的共同参与和努力。高校应该一方面鼓励教师不断丰富思政教育的形式和内容；另一方面倡导全体学生积极参与思政教育，形成浸润式的思政教育氛围，更好地实现思政教育的全时性。

第四节　赋能高校思想政治教育协同性

在高校思想政治教育中，协同育人具有重要意义。一方面，大学生处于成长的关键时期，思想容易受外界影响，必须充分发挥协同育人的优势，整合高校的教育资源，凝聚各方力量形成合力，促进学生的全面发展。另一方面，高校思想政治教育需要面对复杂的社会环境和各种挑战，仅仅靠高校自身的力量难以完成教育任务，必须依靠协同育人，充分发挥外部力量，从多方位、多角度推进学生的思想政治教育。

协同育人不仅是一种教育模式，更是一种育人理念。

一是协同育人要在目标上互相统一。弘扬和传承中国特色社会主义核心价值观是高校思想政治教育工作的一项重要内容。智慧思政应当以价值引领为核心，通过多种途径和手段，积极弘扬社会主义核心价值观，引导学生树立正确的世界观、人生观、价值观。通过大数据技术对学生的思想动态进行跟踪和分析，实现精准化的思想引导，通过加强思政教育和学生管理，使其与高校的育人目标和教育理念相一致，从而形成一种有机的育人机制。高校的教育目标是培养高素质、德智体美劳全面发展的人才，因此在思政教育和学生管理方面，都应该注重培养学生的综合素质，努力推动高校教育目标的实现。

二是协同育人要在方式上互相促进。学生管理是思政教育的基础，两者只有互相作用、互相促进，才能真正起到育人的效果。在高校管理中，不仅要做好学生日常管理工作，还要注重开展思想政治工作，不断加强学生思想政治教育，让学生在学习和生活中形成正确的世界观、人生观和价值观。智慧思政可以丰富和拓展高校思想政治教育的内容形式和手段，随着信息技术的不断发展和普及，高校可以采用多种方式和手段开展思政教育，例如利用在线学习平台、移动学习应用等开展育人活动。传统的课堂教学和座谈会等方式难以满足学生的个性化需求，而通过智慧教学平台、网络课程、微信公众号等方式，可以满足学生随时随地获取教育资源的需求。

三是协同育人要在内容上互相整合。高校可以通过智慧思政的建设，把学生管理、思政教育等多个领域的资源整合起来，实现共享、交流、互通有无，不断提高高校思政教育与学生管理的效率与水平。通过建设智慧校园，可以实现思政教育、学生管理、教学管理、科研管理等多个领域的信息整合和资源共享，有效提高高校思政教育与学生管理的协同育人效果。大数据技术可以为高校思想政治教育内容的创新和研究提供更为科学、准确的数据支撑，还可以对学生的思想政治教育成效、学生的认知和心理变化等方面进行分析，掌握学生的思想动态和学习状态，从而及时调整和优化思政教育内容和方式。同时，高校也可以通过对学生思想政治教育的数据分析和挖掘，不断探索和创新思政教育内容和形式，提高思政教育的针对性和有效性。

第三章　智慧思政的应然与实然

第一节　智慧思政的前提在于人机协同

人机协同是人和计算机系统之间的协同工作方式，它是一种将人和计算机系统的优势相互结合，协同完成任务的过程。人机协同是信息技术发展到一定阶段后的必然趋势，是社会在数字化、信息化、智能化方面的一个重要发展方向。

人机协同旨在将两者的优势结合起来，在人机协同中，人们通常负责应用人类的专业知识和经验，以及处理具有不确定性和复杂性的事件，而计算机系统则负责处理和存储大量数据，并进行快速计算和分析，以及自动化执行任务。

人机协同的实现需要若干技术的支持。例如，人机交互技术可以使人和机器进行信息交流和共享，实现合作完成任务；数据挖掘技术可以从大数据中提取出有用的信息，为人机协同提供基础支撑；机器学习技术可以让计算机自动从数据中学习并不断优化算法，提高人机协同的效率和准确性；自然语言处理技术能够让机器与人进行语言交互，提高人机协同的交互效果；云计算技术可以实现对计算资源的共享和调度，提高人机协同的效率和灵活性。

在实现人机协同的过程中，还需要考虑数据安全和隐私保护等方面的问题，需要通过加密、权限控制等方式来保障数据的安全和隐私。同时，也需要考虑机器错误和故障等问题，需要建立完善的监控和修复机制，保证人机协同的稳定性和可靠性。

智慧思政实现的前提是人机协同，智慧思政在充分发挥高校教育者和计算机科技优势的基础上，提高思政教育质量和实效。

一是人机协同提升智慧思政数据洞见力。随着大数据技术的发展，智慧思政需要处理和分析的数据量越来越大，人工处理已经无法满足需求。通过机器学习、自然语言处理等技术，机器可以对海量的数据进行自动处理和分析，从中挖掘出有价值的信息和洞见，为智慧思政提供更加准确的数据支持。

二是人机协同提高智慧思政智能化程度。在人机协同模式下，机器可以自动完成一些烦琐的任务和过程，如文本分析、自动评估等，从而提高工作效率，减轻人工负担。同时，通过机器的智能反馈和调整，可以不断改进和优化过程，提高智能化程度，为实现智慧思政提供更好的支持。

三是人机协同拓展智慧思政应用场景。传统的思政教育往往只能在课堂上进行，而且受时间、空间等因素的限制，无法满足学生个性化的需求。而有了人机协同技术的支持，思政教育可以拓展到更多的场景和形式，比如在线学习、虚拟现实等，进一步提高思政教育的效果并扩大覆盖面。

我们不可否认在经验化理念指导下传统高校思想政治教育的价值优势，但这样的研究方式往往使现实和理论出现偏差，难以全面深入地展现教育对象真实和个性样态，更无法深刻体现高校思想政治教育的人文关怀。[①]"数据化"与"人文性"并不必然冲突，"数据"本身并无感情，但使用数据的人是肩负"立德树人"、拥有理性的思想政治教育者，他们能够客观地看待数据呈现的各种事实而不被数据左右。

---

① 黄欣荣. 大数据对思想政治教育方法论的变革［J］.江西财经大学学报，2015（3）：94-101.

第二节 智慧思政的核心在于精准育人

传统的高校思想政治教育大多采取"大水漫灌"的教育模式，并未对不同的学生进行分类并开展差异化的育人工作，无法真正满足不同学生的需求。这种教育方式的问题在于，它没有考虑到学生个体的差异，也没有考虑学生个性化的需求。

而精准育人则是一种针对个体学生的教育模式，它强调将学生作为一个独特的个体，将其特性、能力、兴趣等纳入育人设计中，通过对每个学生个体的全面了解和分析，量身定制出最适合他们的教育方案，激发学生的学习热情，增强学生的自主性和创造性。精准育人要能精准识别受教育对象，包括心理特征的"精准画像"、思想行为状况的"精准观测"、现实诉求的"精准研判"。[①]

"大水漫灌"的传统模式难以及时快速地发掘并锁定思想政治教育对象的问题和需求，高校思想政治教育要进行创新发展，必须树立个性化的教育理念。在这一形势下，"精准滴灌"的模式将成为高校思想政治教育未来发展的方向，而智慧思政则为实现"精准思政"提供了良好机遇。

一是精准识别高校学生的现实需要。在思想政治教育实践中，根据不同受教育对象的特点和需求，开展有针对性的思想政治教育，满足学生的实际需求，推进学生的全面发展。在实现精准育人的过程中，还需要强化对思想政治教育对象的关爱和关注，为他们提供必要的支持和帮助。比如他们在学习和生活中遇到问题时，教育者及时给予指导和帮助；在个人成长和发展方面，提供必要的资源和机会，鼓励学生积极探索和尝试；在社会实践和创新创业等方面，提供必要的支持和指导等。这些

---

① 刘越，曲建武，宋林萱. 精准+智慧：第四研究范式视角下高校思想政治教育的发展趋势［J］. 现代教育管理，2022（9）：119-128.

关爱和关注的行为，不仅有助于学生的个人成长和发展，也有助于加强学生对思想政治教育的认同和信任，进而更好地实现精准育人的目标。

二是精准制定高校学生的教育方案。根据精准识别思想政治教育对象的现实诉求，教育者可以更加精准地制定育人方案，以满足被教育者的需求和发展潜力。在这个过程中，大数据分析可以发挥重要作用，帮助教育者更好地了解被教育者的学习习惯、心理特点和思想倾向，进而制定相应的教育方案。如大数据分析可以帮助教育者了解学生的学习习惯、兴趣爱好等信息，更好地设计与学生需求相符的教育内容和方式，为学生量身定制育人内容，加强教育的个性化程度。通过对学生的历史成绩、课程评价等数据进行分析，教育者可以预测学生未来的表现和发展趋势，及时发现学生的优势和不足，更加精准地指导学生的发展。

三是精准评估高校学生的育人效果。精准评估育人效果是精准育人的重要环节之一，可以帮助教育者了解自己的育人成果，为育人工作提供反馈和改进方向。在传统的高校思想政治教育中，评估方式较为简单，主要是通过考试、问卷调查等方式，这些方式容易忽略学生的综合素质和思想政治素养的培养效果，也难以反映教育者的育人质量。数字化能够对思想政治教育者的教育行为进行校准和考量，也可以实时跟踪、判定以及检测思想政治教育对象的整体情况。通过及时、动态的数据信息来做出精准科学的评价，能够突破传统高校思想政治教育单一、静态、模糊的评价模式。①

精准育人需要建立全面的评估指标体系，考查学生在思想政治素养、综合素质、学业成绩等方面的表现。同时，评估过程应该注重将主观评价和客观评价相结合，通过自我评价、互评、第三方评价等方式进行评估，尽可能客观地反映学生的学习成果和思想政治素养的培养效果。

智慧思政应用有助于突破传统模糊化的"大水漫灌"思政教育模式，树立精准化理念，体现大数据价值。高校思想政治教育精准化发展的工

---

①　吴满意，景星维.精准思政：内涵生成与结构演化［J］.学术论坛，2019（5）：133-139.

作思想是精准思维，核心目标是精准育人，依托大数据技术，教育模式为以"精准识别—精准分析—精准供给—精准施策"为内在运行机制的体系化、科学化的思想政治教育实践模式。[①]

第三节　智慧思政的基础在于数据共享

在高校的数字化改革中，出现了不少的"数据孤岛"，数据常常分散在不同的机构、部门或个人之间，难以得到充分的利用。而数据共享可以打破这种局面，将各个数据源整合起来，使数据充分流动并被合理利用。通过数据共享可以减少重复收集数据的工作，避免浪费资源，同时也可以提高数据的质量和精度，为更加深入的数据分析和应用提供更好的基础。

数据共享可以提高数据的价值和效率。数据具有规模化、多样化、异构化、动态化等特点，共享可以充分利用这些特点，使数据资源被更好地开发和利用，提高数据的价值和效率。高校内部的各类数据需要打通汇集，在此基础上智慧思政才有推进的可能。数据共享可以促进跨领域合作，不同领域之间的数据共享可以促进交叉研究和创新，促进科学研究的进展和创新。

智慧思政需要大量的数据支撑，只有在数据共享的基础上才能实现，数据共享可以为智慧思政提供更广泛、更全面的数据来源，从而为思政教育提供更加精准、个性化的服务和更高效的决策支持。

一是数据共享提供丰富的数据资源。随着信息技术的不断发展，各个领域产生的数据呈现爆发式增长。数据共享可以汇聚多个来源的数据，使得智慧思政可以拥有更加全面、更加丰富的数据资源。例如，学生的学习成绩、考试成绩、出勤情况等数据可以通过学校的教务系统、学生管理系统等进行数据共享，为智慧思政提供更全面的数据支持。

---

① 罗红杰.大数据与思想政治教育深度融合：前提认知·结构革新·实践策略［J］.思想教育研究，2021（12）：54-59.

传统的思政教育大多依赖教师的主观判断和经验积累，无法充分利用大量的数据资源支持育人活动。而数据共享可以将各种数据资源整合起来，使得教师可以更加便捷地获取、处理和分析数据，从而为智慧思政提供更充分、更准确的数据支持。

二是数据共享促进数据整合和应用。具体而言，数据共享可以帮助各个单位之间共享数据资源，避免出现"数据孤岛"，提高数据利用效率。同时，数据共享还可以促进不同数据之间的整合，形成更加全面、丰富的数据集，为分析研究提供更多的信息支撑。此外，数据共享还可以推动数据应用，深入查找和解析各项数据，进而掌握数据之间的规律和其存在的价值，为智慧思政的发展提供更加深入的支持。

在高校思想政治教育中，数据共享为开展智慧思政提供更加丰富的大数据支撑。例如，通过对学生的个人信息、学习成绩、活动记录等数据进行整合和分析，可以更好地了解学生的思想政治素质和学习状态；通过对历年的思想政治教育数据进行整合和分析，可以发现不同年份之间的变化和趋势，为未来的思想政治教育规划提供科学依据。

三是数据共享需要加强数据安全。数据共享虽然有诸多优点，但也会带来数据泄露、隐私泄露等风险。因此，数据共享也需要保证数据的安全性和隐私性。在智慧思政中，数据共享的基础是建立在数据安全和隐私保护的基础上的。一方面，需要采取有效的安全措施来保护数据的安全，采取如加密技术、安全传输协议、数据备份和恢复等技术手段。另一方面，需要制定合理的隐私保护政策，明确数据共享的范围、目的和规则，保护个人隐私和敏感信息的安全，避免个人信息被滥用、泄露。

第四节 智慧思政的实现在于智能算法

"算法"这一概念最早来自计算机领域，指代为实现某种特定结果的代码函数公式运行过程和结果。而如今，人工智能领域运用更多的"算法"概念，是指通过特定的函数模式，由计算机不断深度学习、训练实现特定输出对人脑思维和智慧进行模拟。

智慧思政的实现基于智能算法。智能算法包括机器学习、深度学习、数据挖掘、自然语言处理等方向，这些算法都依赖于数据的处理和分析。大数据最核心的价值是其预测性，运用算法预测和实时监督教育对象思想和行为的走向。[①] 因此，实现智慧思政需要进行大量的数据收集、整理和分析工作，这些工作需要高效的数据处理和分析技术支持。

智能算法的核心是机器学习。它可以让计算机系统自动从数据中学习，发现数据中的规律和模式，并利用这些知识来预测未来的趋势。机器学习的方法有很多，如监督学习、无监督学习、半监督学习等。

监督学习是指给机器一个数据集和对应的标签，让机器学习如何从输入数据中输出正确的标签。例如，一个垃圾邮件分类器可以学习如何将输入的邮件分为垃圾邮件和非垃圾邮件两类。无监督学习是指让机器自己去发现数据中的规律和模式，没有标签的干预。例如，可以使用聚类算法将相似的数据点分为同一类别。半监督学习则是介于监督和无监督学习之间的一种方法，它利用少量标注的数据和大量未标注的数据进行机器训练。

智慧思政的实现需要基于智能算法，实现对学生的个性化教育和精准育人。有学者把思想政治教育定义为"利用信息传递去积极改变人脑中思想政治素养的具体存在状态（如世界观、人生观、价值观等）的科学"[②]。思想政治教育的变革随智能算法的产生而开始，智能算法是实现智慧思政的重要技术手段，能够为思政教育提供更加精准、高效、智能的支持。智能算法具有如下特点。

一是智能算法具有自动化的特点。智能算法能够通过编程实现自动化执行，从而减少了人工操作的干预和错误。例如，对于大量数据的处理和分析，智能算法可以自动地进行数据的清洗、筛选、分类和预处理

---

① 王晓丽，蔡丽.大数据思想政治教育研究述评[J].重庆邮电大学学报（社会科学版），2019（6）：83-89.

② 刘新庚.现代思想政治教育方法论［M］.北京：人民出版社，2008.

等操作，从而提高了数据的处理效率和准确度。此外，在智慧思政中，智能算法还可以自动地对学生的学习情况、思想倾向和行为表现等进行分析和评估，帮助教师更好地了解学生的个性化需求和发展方向。

二是智能算法具有智能化的特点。智能算法能够通过学习和优化，不断提升自己的智能水平和性能表现。在人工智能领域中的深度学习算法能够通过大规模的数据学习和自我调整不断提高自己的预测准确率和判断能力。在智慧思政中，智能算法可以通过对学生数据的研习和解析，生成更加精准的学生画像和育人方案，从而实现智慧思政的精准育人目标。

三是智能算法具有人性化的特点。智能算法可以模拟人类的思考过程和行为模式，更好地实现沟通和交流。智能算法的设计和应用考虑到了人类的行为和思维方式，以及人们对问题的认知和解决方法。智能算法的结果也能够以人类易于理解的方式呈现，让人们更容易理解和使用。在智慧思政中，智能算法的人性化特点也能够得到充分体现，如智能算法还能够根据学生的学习情况和反馈，自动调整教学内容和方法。

第四章 智慧思政的伦理与安全

第一节 高校思政数据取舍之道不明

数据的取舍之道就是把有意义的留下来，把无意义的去掉。[①]

"价值密度低"是大数据的重要特征，意味着在大量数据中只有少量数据是有价值的，而大部分数据是冗余的、无用的或者是垃圾数据。在这种情况下，仅仅依靠人力去筛选和分析数据会导致效率非常低下，甚至是不可能完成的。因此，需要利用计算机和数据分析技术对大数据进行处理和挖掘，发掘出其中潜在的价值信息，实现数据的最大价值化。

高校思政数据的取舍是指在进行智慧思政建设时，面对海量异构多源的数据，如何进行有针对性的筛选和取舍，以提高智慧思政的效果和效率。然而，目前高校思政数据取舍之道并不明晰，主要表现在以下几个方面。

一是高校思政数据来源不明确。在高校思政数据的收集过程中，数据来源还不够明确，数据来源的唯一性、真实性和可靠性需要提高。这种情况可能会导致数据的不准确、不全面或者不一致，从而影响数据分析和决策的准确性和可信度。

高校思政数据来源不明确主要表现为涉及多个部门或单位，数据来源的管辖范围不明确，导致不知道应该从哪里收集数据；收集方式可能存在不规范的情况，比如没有制定明确的数据收集标准和流程，没有对

---

① 迈尔－舍恩伯格.删除：大数据取舍之道［M］.袁杰，译.杭州：浙江人民出版社，2013：3.

数据来源进行核实等；高校思政数据的收集和管理责任没有明确的界定，导致各部门之间在数据收集和管理方面存在重复、遗漏等情况。

二是高校思政数据种类繁多。高校思政数据种类包括文字、图片、视频、音频等形式，而不同形式的数据具有不同的特点和优势。如何根据实际情况进行有针对性的选择和使用，是需要探讨的问题。

高校思政数据类型不仅涉及不同的领域，也涉及不同的数据格式和数据来源。在数据取舍过程中，学校难以确定哪些数据对于思政教育具有重要意义，哪些数据可以忽略。此外，由于数据类型的多样性，高校在进行数据采集、存储和处理时也需要使用不同的技术和工具，这增加了数据取舍的难度。例如在对学生成绩进行分析时，除了需要考虑学生成绩的数量、分布等基本信息，还需要考虑学生的学习成长情况、课堂参与情况、作业完成情况等多个方面的数据。而这些数据往往来自不同的数据来源，数据种类之间的差异性和异构性也给数据的取舍带来了一定的困难。

三是高校思政数据处理技术不足。高校思政数据的取舍需要借助数据处理技术进行筛选和挖掘。然而，由于技术水平的限制，很多高校在数据处理方面还存在较大的缺陷，无法充分挖掘数据中潜在的价值。由于缺乏专业技术人才和相关工具，许多高校无法有效地管理和利用思政教育相关的数据。同时，一些高校虽然拥有技术人才和工具，但缺乏足够的专业知识，难以理解和运用数据分析技术。

第二节　高校思政数据存在伦理困境

数字化能够使高校思想政治教育具有全面的追踪性、超前的干预性、即时的指导性、强大的预测性、持久的监测性和动态的反应性。但也正是这些功能特质，加之相关的法律及制度保障不完善，给高校思想政治教育带来隐私侵犯、"信息茧房"、智能依赖、评价定势等一系列伦理困境。

首先是隐私侵犯。信息隐私是每一个社会公民拥有的权利，这种权利表现为公民私人信息自主和私密领域不受干扰，并不因他人在知悉关于自己的某些事实上受到限制而得以实现。① 大数据时代，个人数据的收集、处理和使用已经变得越来越频繁，而这也导致了一个重要的问题，那就是个人隐私泄露。个人隐私是指个人的身份、行为、兴趣爱好等敏感信息，这些信息可能会被用于追踪、识别、定位个人，如果这些信息被恶意利用，可能会对个人造成极大的损失。因此，隐私泄露已经成为大数据伦理风险的一个重要方面。

信息技术不断发展，个人隐私泄露可能会导致个人信息被滥用，当个人隐私被泄露后，黑客或不法分子可能会使用这些信息进行欺诈、身份盗窃、网络钓鱼等违法犯罪活动。例如，黑客可能会窃取用户的身份信息，包括姓名、出生日期、身份证号码等，然后利用这些信息进行诈骗和盗窃。此外，一些公司可能会收集并滥用个人信息，例如将信息出售给第三方，或将信息用于广告目的。在智慧思政的建设中，会涉及大量的学生个人隐私信息，例如学生的学习记录、政治面貌、价值观念、家庭经济等。如果这些信息被不当地使用或泄露，将对个人的隐私权产生严重影响，也会影响到智慧思政的实施，降低学生对智慧思政的信任和接受程度。

无论校内外，思想政治教育对象无时无刻不被"监视"着，并被智能芯片和网络连接的物联网与外部世界连接起来。② 因此，保护个人隐私是实现智慧思政的前提条件之一。对于收集、存储和处理个人信息的机构，应该采取有效的安全措施，确保这些信息不被泄露、滥用或窃取。

其次是大数据造成"信息茧房"。哈佛大学教授桑斯坦在2006年提出"信息茧房"的概念，指的是不同的个体会有不同的需求，而不同个体根据自身需求，通常只注意能够让自己愉悦或者自己选择的东西，

---

① 弗洛里迪.信息伦理学［M］.薛平，译.上海：上海译文出版社，2018：337.
② 黄欣荣.大数据对思想政治教育方法论的变革［J］.江西财经大学学报，2015（3）：94-101.

这种状态的长时间持续，就会将自己"禁锢"在像蚕茧一般的"茧房"中。"信息茧房"是个人在使用网络时，倾向于接触和获取符合自己观点和偏好的信息，而忽视或者避免接触和获取与自己观点和偏好不符的信息的现象。这种现象也被称作"过滤气泡"（filter bubble）或"信息泡沫"（information bubble）。

"信息茧房"的形成主要与个人对信息的筛选和选择有关。在使用互联网时，人们常常依赖搜索引擎、社交媒体等平台获取信息。这些平台为了提高用户体验和满足用户需求，会根据用户的历史搜索记录、浏览记录、点击记录等个人信息推荐符合用户兴趣爱好的信息，从而形成"信息茧房"。此外，人们也会倾向于和自己观点相同的人交流，进一步加剧了"信息茧房"现象。

"信息茧房"对个体和社会的影响十分深远。一是它使得个体对外部信息的认知和了解受到限制，阻碍了知识和思想的多元化发展。二是它使得个体或群体陷入一种自我封闭、自我感觉良好的状态，对其他观点和声音产生排斥或偏见，进一步扩大了"信息茧房"的范围。

在高校思政工作中，"信息茧房"也存在。例如，某些学生可能只关注某些特定的信息渠道，而忽略了其他来源的信息。教育工作者也可能因为专业、研究领域等因素，存在对某些信息产生忽视或排斥的倾向。

因此，需要采取措施打破"信息茧房"。一是可以通过多样化的信息渠道和传播方式扩大信息来源和传播范围；二是需要通过有效的信息过滤和筛选机制为个体提供优质、有用的信息；三是可以通过多样化的交流和互动形式促进个体之间的交流和相互理解，避免个体陷入自我封闭的状态。

再次是大数据产生智能依赖。智能依赖指的是人们对智能技术的过度依赖和信任，将决策和行为交由智能系统来处理，而缺乏必要的思考和自主性。智能依赖的出现是因为智能技术在某些方面比人类更加优秀，能够高效地处理大量信息、分析复杂的数据、提供准确的推荐和决策，同时也为人们带来了便利、提升了效率，因此人们逐渐习惯了依赖智能系统。

产生智能依赖的主要原因是人们对数据和算法的盲目信任。随着大数据技术的发展，人们越来越多地依赖大数据来解决问题，但是却忽视了数据的局限性和数据背后的偏差。数据本身只是一些数字和信息的集合，如何将这些数据转化为有意义的决策需要正确的算法和正确的处理方式。很多人并不理解这一点。产生智能依赖的另一个原因是大数据技术的普及程度越来越高，导致人们对这种技术的应用和理解程度也越来越高。在应用大数据技术的过程中，人们往往不会考虑算法的局限性和数据的背景，而是只关注算法的结果。这种盲目追求结果的态度让人们逐渐失去了独立思考和决策的能力，使得人们越来越依赖算法。

智能依赖可能会导致人们的思维僵化、缺乏创新，人类在与智能系统的互动中，逐渐失去了思考和判断的能力，缺乏自主性和主动性，容易陷入一种"想让智能系统怎么做，就让智能系统怎么做"的被动状态，也会降低人们自我决策和解决问题的能力。此外，智能依赖还可能会导致一些隐私泄露的问题，人们把个人信息存储在互联网上，而互联网上的数据处理公司或者黑客可能会利用这些数据进行非法的活动。

未来的教育，应当是一种"人性为王"的教育，德性和情感等人类特有的东西应当受到极大的重视。如果忽视人的元素，漠视人的情感和精神需求，将导致大数据学习的热处理、温导入与冷输出，与大数据同行的学习者可能会成为情感缺失的学习机器。[①]

最后是大数据形成评价定势。评价定势评价方式已经形成了一定的习惯和规律，不容易改变，这种评价方式可能源于个人的经验、社会文化等因素。在大数据时代，评价定势的形成往往是因为数据的过度解读和不全面分析。

一方面，大数据会形成评价定势是因为数据的过度解读。在大数据时代，海量的数据往往需要通过算法进行处理和分析，得到的结果可能会出现过度解读的情况。这种过度解读可能会导致某些数据得到过于夸大或过于简单的解释，从而形成了人们的评价定势。

---

① 刁生富.重估：大数据与人的生存［M］.北京：电子工业出版社，2018：67.

另一方面，大数据形成评价定势还与数据分析不全面有关。在大数据时代，海量的数据需要通过算法进行分析，但是算法只是工具，其结果往往只是一个参考。而数据分析往往需要更深入的思考和探索，而不仅仅是简单的数学运算。如果仅根据数据的结果来得出结论，可能会忽略许多重要的因素，从而形成不完全或错误的评价定势。

第三节　高校思政数据急需安全保障

近年来，高校内部建立了越来越多的信息系统，源源不断的数据在各类系统中不停地被生产出来，在学校提高教学质量、提升教育管理的工作中，数据采集成为一种重要动力，也进一步地促进学生提升学习效率，提高他们的校园生活质量。目前大数据在高校中的应用已是不可或缺的一环，可是在利用大数据便捷地为学校和学生提供服务的同时，确保信息正确和数据安全成为一个挑战。在数据采集和应用的便利性与安全性之间找到一个平衡点，不仅是当前面临的最大挑战，也是智慧思政推进的重要前提条件。

目前，思政数据管理尚无统一的基本法律予以规制，少数地方立法开始关注思政数据管理，但是数据利用的主体限制范围较窄，一般将数据的利用主体限制为行政机关。有的虽然明确了其他组织和个人利用思政数据的主体资格，但并没有明确非行政主体思政数据利用的具体途径和程序机制。例如《浙江省教育数据暂行管理办法》第五条规定，"数据管理组织架构包括省教育厅各业务管理部门、省教育技术中心和设区市教育行政部门"；第十三条规定，"数据共享是指省教育厅将浙江省教育基础数据库已有数据在一定条件下授权并提供给设区市教育行政部门使用的行为"。又如《陕西省教育数据管理办法》第十九条规定，"数据共享是指基于政务应用场景，将特定数据通过数据管理平台授权给数据使用部门的行为"。

数据安全是指保护数据免受未经授权的访问、使用、披露、修改、破坏、丢失等风险的措施和方法。在数字化、信息化和网络化的今天，数据已经成为各行各业的核心资产。

随着大数据技术的不断发展，一些新的数据安全问题也在不断涌现，如数据伪造、数据篡改、算法歧义、隐私泄露等。数据伪造和数据篡改是指恶意篡改或伪造数据，以达到欺骗或者破坏数据价值的目的。这类问题不仅会影响数据的真实性和可靠性，还可能导致不当的决策和不良的后果。算法歧义则是指由于算法模型的复杂性和晦涩性，导致算法结果的解释和理解存在歧义或者误解。隐私泄露问题是指在数据收集、处理和传输过程中，个人敏感信息被泄露、不当使用或者被滥用，隐私泄露可能导致个人的信用被侵害、个人的财产利益受损、个人的声誉受损、个人的人身安全受到威胁等。

在实际应用中，智慧思政也存在数据安全问题。

一是智慧思政存在隐私泄露的安全问题。由于智慧思政的应用范围广泛，包括对学生个人信息的收集、存储、分析和利用，如果这些信息被不法分子获取，可能会导致学生隐私泄露。此外，由于学生个人信息的敏感性，一旦泄露，可能会对学生的人身安全、财产安全等造成不可估量的损失。

二是智慧思政存在数据篡改的安全问题。智慧思政系统需要处理大量的数据，包括学生的成绩、评价、奖惩等信息，如果这些数据被篡改，将会严重影响学生的发展和学校的声誉。同时，数据篡改也会破坏智慧思政的公正性和公信力。

三是智慧思政存在数据交换的安全问题。由于智慧思政系统需要跨不同的应用系统和平台进行数据交换，这就带来了数据泄露的风险。如果智慧思政系统中的数据泄露到外部网络，可能导致重大的信息安全风险和经济损失。

四是智慧思政存在系统漏洞的安全问题。智慧思政系统是由各种软件、硬件、数据库、网络等组成的，这些组成部分都有可能存在漏洞。一旦这些漏洞被不法分子利用，将会对系统的正常运行和学生信息的安全构成极大的威胁。

数据安全的保障需要进行全面而系统的管理，涉及数据采集和存储的安全性、数据传输的安全性、数据处理的安全性、数据共享的安全性、数据销毁的安全性等主要环节。

一是数据采集和存储的安全性。数据采集和存储是数据安全管理的基础，需要确保数据在采集和存储过程中不受外界的干扰和攻击。为此，需要对采集设备和存储设备进行加密和防护，使用防火墙和入侵检测系统等技术手段保障网络和系统的安全。

二是数据传输的安全性。数据传输的过程中容易受到黑客等的攻击，因此需要采取一系列的技术手段来确保数据传输的安全。可以使用加密技术、数据分包技术、数字签名技术、防火墙和入侵检测系统等技术手段来保障数据的传输安全。

三是数据处理的安全性。数据处理的过程中也需要采取一系列技术手段来确保数据的安全性。使用密码学技术对数据进行加密、使用权限控制技术来限制用户的操作权限、使用日志记录技术来记录操作日志等，这些都可以保障数据在处理过程中不会被非法获取、篡改或者误删除。

四是数据共享的安全性。数据共享是大数据应用中非常重要的一个环节，需要确保数据在共享的过程中不会被非法获取和滥用。为此，需要采取一系列的技术手段来确保数据共享的安全性，包括使用权限控制技术、加密技术、数据备份技术和数据恢复技术等。

五是数据销毁的安全性。数据的生命周期中，有时候需要销毁一些不需要的数据，如何确保数据被彻底销毁也是数据安全管理的重要方面。需要使用专业的数据销毁工具和技术，对数据进行多次覆盖和加密，确保数据无法恢复。

智慧思政建设中，确保数据安全是至关重要的一项任务。为了有效应对数据安全问题，需要从三个方面完善举措。

一是加强技术防范。在智慧思政建设中，可以采用先进的技术手段进行数据加密、安全传输和存储。例如，采用加密技术保护重要数据，使用防火墙和入侵检测系统进行网络安全防护，以及采用备份和灾备机制确保数据安全性和可用性。

二是建立管理制度。在智慧思政建设中，需要建立一套完善的数据安全管理制度，明确数据安全的管理职责和权限，建立数据安全保护机制，确保数据的合法、规范、安全使用和管理。例如，对于重要数据和个人隐私信息，应当进行分类管理、权限控制和监控，避免数据泄露和滥用。

三是增强安全意识。智慧思政建设中，应当加强师生的数据安全意识，通过培训和宣传等方式，提高大家对数据安全的认识，增强大家的安全意识，防范各种安全威胁和风险。

中　篇

智慧思政

高校思想政治教育新实践

第五章 发展历程：
浙江智慧思政之基础

第一节 启蒙阶段：高校思想政治教育的网络化

2000 年，为深入贯彻落实中央思想政治工作会议精神以及第九次全国高校党建会议中关于思想政治工作的相关部署，教育部发布《关于加强高等学校思想政治教育进网络工作的若干意见》，提出应根据教育环境和教育对象的变化情况，充分运用网络手段拓宽思想政治教育的视野，用正确、积极、健康的思想文化占领网络阵地。通过思想政治教育进网络，开展丰富生动的各类线上宣传教育活动；及时了解高校师生的思想动态和关注热点，进一步深化思想政治课的教学改革，加强"两课""三进"推进工作；根据新形势、新问题，有针对性地做好科学的教育引导工作；进一步活跃各类线上线下的校园文化活动，营造良好的校园风气、社会正气。

浙江省教育厅高度重视网络思想政治教育工作，全力推进高校思想政治工作"进教材""进宿舍""进网络"，主动占领思政教育网络新阵地，推进网络进校园，搭建思政教育网络新平台。

第二节　探索阶段：高校思想政治教育的信息化

2015 年，根据教育部办公厅、国家互联网信息办公室印发《"易班"①推广行动计划和中国大学生在线引领工程实施方案》的通知要求，浙江省教育厅推进各地各校关于"易班"平台的分层对接和落实推广工作，充分利用"易班"、中国大学生在线等网络平台，通过新型网络互动社区、主题教育网站等平台建设，进一步创新网络思想政治教育的形式、改善网络舆论生态，为全面深化网络教育综合改革、提升高校人才培养质量、营造风清气正的网络空间创造良好条件。教育部推进"易班"建设旨在将学生社区从线下转移到线上，让思想政治工作离学生更近。

2016 年，浙江省高校借助省委"最多跑一次"改革的契机，开始了高校思想政治工作信息化、数字化改革探索，利用教育部"易班"平台，建立"易班"校园学工平台，将各部门"数据孤岛"联通起来，以实现教育资源一网统筹、学生事务一网办理、思政教育一网承担为目标，统筹推进校园信息化基础设施、平台搭建、应用开发等工作。

2017 年，浙江省"易班"发展中心成立，并开展首批十所试点高校的建设工作。高校以"易班"建设为载体，创新高校大学生思想政治教育工作模式，建立了集思想教育、自主学习、管理服务、文化娱乐于一体的大学生网络社区，以"强化服务、提升素养、网络育人、弘扬主旋律、传播正能量"为目标，逐步实现全省高校"易班"建设全覆盖。

"易班"平台有力推进了校园平台互融互通，各高校原有的迎新系统、离校系统、教务系统、学工系统、就业系统及师生信息门户等均可连接到"易班"平台，在学生的迎新报到和毕业离校等具体工作中得到

---

① "易班"是集思想教育、教育教学、生活服务和文化娱乐于一体的实名制综合性学生网络互动社区，集成了网络论坛（BBS）、社会性网络服务（SNS）、博客、微博、手机应用等多种新型互联网应用。

有效的应用。但"易班"应用的研发需借助学校的资源力量，各校的研发能力不一，导致发展不平衡、不充分。由于"易班"平台自身功能的限制，学生对"易班"平台的自主使用和主动学习的习惯还未形成，在参与活动频次等方面有较大的提升空间。

第三节　发展阶段：高校思想政治教育的数字化

为推进"三全育人"综合改革试点工作，进一步加强高校网络育人，根据教育部思想政治工作司委托建设省级高校网络思想政治工作中心的有关要求，2019年，浙江省教育厅在省高校"易班"发展中心的基础上设立了浙江高校网络思想政治工作中心，统筹全省高校网络建设管理资源、文化资源和教育资源，推动形成共建共享、互联互通、同向同行的高校网络育人工作格局，以切实推动高校整合网络平台、丰富网络内容、建强网络队伍、推进成果评价，发挥网络育人功能，成为浙江省网络思想政治教育工作的"思想库""作品库"和"人才库"，为推动高校思想政治工作质量提升提供智力支持。

2021年4月，浙江省委教育工委、教育厅全面推进浙江省高校智慧思政大数据应用建设工作，5月启动第一批十所高校智慧思政特色应用试点工作，截至2022年底，已有25所高校成为高校智慧思政特色应用试点单位。根据当前浙江省数字化改革工作的重心，浙江省委教育工委、教育厅主动出击，绘制智慧思政建设蓝图、搭建智慧思政建设平台、推进特色场景应用试点，深挖高校思政工作大数据蕴含的价值，打造具有全国影响力、浙江辨识度的高校智慧思政工作品牌，充分运用数智赋能新优势，有力推进浙江省高校智慧思政全面高质量发展。

2022年6月，浙江省高校智慧思政系统正式上线发布。

第六章 目标思路：
浙江智慧思政之顶层

第一节 智慧思政总体构架

浙江省教育厅加强顶层设计，以全省"智慧思政"工作规划为指导，充分利用大数据、人工智能等新技术作为全省思政工作的抓手和重要工具，主动占领思想政治教育网络新阵地，建设思政教育网络新平台，搭建全省高校思政数字化改革的"四梁八柱"。围绕以数智赋能推动全省高校思政工作整体跃升的建设目标，"思政业务一云支撑、思政数据一仓呈现、核心应用一建到底、思政数据一库归集、应用超市一站可选"五个一的建设路径，建成了"1+4+N"的浙江省高校智慧思政系统（见图6-1），通过数字化手段实现主动发现、主动预警，关口前移，着眼防范，探索实现新时期高校学生思想政治教育方式的改变。

"1"是一体化浙江省高校智慧思政系统，将"一网、一舱、一台"三者有机集合。

"一网"即通过浙江高校网络思想政治工作中心门户网站，实现智慧思政综合应用的统一界面、统一入口、统一身份认证。统一入口将多个不同的应用整合在一个入口下，用户可以通过一个入口登录和访问所有相关的应用程序和系统，提高访问便捷性。统一身份认证实现使用相同的身份认证系统来管理和验证用户的身份，简化账户管理过程。

"一舱"即智慧思政驾驶舱，是一个集成式的数据管理平台，通常用于收集、存储、处理和分析数据，并通过可视化仪表板展示数据的趋势和关系。由数据仓库、数据挖掘、数据分析和数据可视化等组成。通过集成多个数据源以提供全面的数据分析。

"一台"即智慧思政工作台，该平台集高校思政工作业务、数据于一身，支撑了各类核心的智慧思政应用。智慧思政工作台是一个在线平台，用于管理和执行业务流程，可以自动化常规任务和流程，减少重复性工作和手动错误，提高工作效率。可以促进工作业务的协同，可以根据不同角色定制见面。

"4"是浙江省教育厅倾力打造的思政队伍、思政课程、思想教育、心理健康等学生思想政治教育的四大核心业务。

"N"是聚焦解决高校思想政治教育领域实际问题的若干个特色场景应用。

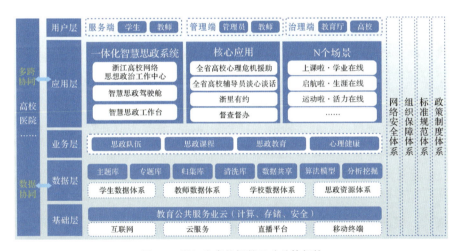

图 6-1　浙江省高校智慧思政总体架构

如图 6-2 所示，浙江省高校智慧思政总体建设内容包含智慧思政中心网站、智慧思政工作台网页端、智慧思政工作台移动端、智慧思政驾驶舱等四个部分。

图 6-2   浙江省高校智慧思政建设内容

四者之中，智慧思政工作台是浙江省智慧思政的重要载体和基础，其承载的核心功能如下。

一是赋能思政队伍发展。智慧思政需要有一支高素质、高效率的思政工作队伍来支持和推动，实现教育厅对学生、辅导员、思政教师、心理教师等思政工作主体人员的集中管理，借助建设思政人员的成长档案推进辅导员备案制，并围绕辅导员的三个层次能力（基础能力、专业能力、核心能力）构建全面科学的赋能体系，进而为提高辅导员、思政教师、心理教师等思政人员的整体能力打下基础。以智慧思政建设推动思政工作的现代化和智能化，能够提高思政工作的水平和效果。

二是聚焦辅导员主责主业。辅导员的主要职责是关心和关注学生的成长和发展，解决学生学习、生活、情感等方面的问题，帮助学生健康成长，促进学生全面发展。作为高校一线的辅导员，要力争做青年学生的知心人、青年工作的热心人、青年群众的引路人。谈心谈话既是青年工作的重要切入口，也是辅导员的主责主业，辅导员要通过个人的思想认知、人生阅历、人格魅力，融入学生群体，用真情实意感染学生，进而实现对广大学生的思想引领、兴趣激发、知识引导、能力促进，以德立身、立学、施教。因此，设计谈心谈话应用对压实辅导员的责任，切实推进高校思想政治工作具有十分重要的作用。

三是数智赋能守牢安全底线。校园安全源头千头万绪，涉及意识形态、心理、交通、用电、疫情、食品等，校园安全重于泰山，事关青少年健康成长，事关千家万户的幸福和社会和谐稳定。心理问题引发的危机事件已成为校园安全的焦点问题，大学生心理健康是高校工作的重要组成部分，也是学生全面发展的必要条件。高校应加强心理健康教育，普及心理健康知识，提高学生的心理健康水平。高校应建立心理咨询服务机制，为学生提供心理健康咨询和支持；制定心理健康档案和管理制度，建立学生心理健康监测和评估体系；注重发现和干预学生心理问题，及时提供专业的心理帮助和支持。为此，浙江省智慧思政通过设计心理普查、心理咨询月报、危机干预月报等数据上报功能，在宏观上掌握全省高校心理问题的状态、主要问题、发展规律，及时精准施策。同时为解决各高校心理干预能力不均衡的问题，又通过融合高校以及医院的心理专家，构建了浙江省高校心理援助平台，为各高校进行心理危机干预提供专业有效的支持。通过打通医院门诊资源，实现在线诊疗、快捷转诊，为全省高校心理危机干预与处置做出有益探索。

四是名师指路促进队伍成长。辅导员作为高校的重要组成部分，发挥着关键作用。不仅要承担学生思想教育、心理疏导、生涯规划等任务，还要积极参与校园文化建设和社会服务活动。因此，辅导员的成长与发展至关重要。浙江省智慧思政平台特地开设了浙里有约专栏，通过名师发起、辅导员众筹等模式，在校内或者校际开展线上线下的交流活动，从而有力促进全省思政人员的快速成长。聘请"思政工作名师""心理教育名师""思政课程名师""辅导员名师""网络教育名师""校外育人名师"等全省思政、教育、心理、宣传、安全等领域专家汇聚浙里有约应用的导师库，助力思政队伍成长。

为了适应思政工作的特点，浙江省智慧思政平台在设计时分别考虑了网页端和移动端两种操作模式。前者适用于数据处理、综合分析查看、复杂的操作等使用情景，后者以微信公众号作为入口，不受时空限制，随走随用，且能实时接收消息，通过点击消息即可快速进行处理。两种操作模式为平台的应用、推广奠定了良好的基础。

智慧思政中心网站则承载了内容发布、信息汇集、资源展示、入口集成等功能，既能像传统门户一样发布各类通知、动态，又能展示先进人物、典型案例、各类校本应用，最重要的是打破了纷繁复杂的各类应用地址及账户的困扰，通过微信扫码即可实现统一验证。

智慧思政驾驶舱则是数据到智能变革的重要部分，依托思政工作台各业务系统积累的数据进行综合智能分析，最终借助图形化的手段，清晰有效地呈现数据内涵的知识、规律、趋势等，从而为问题发现、事态预测、宏观决策等提供有力支撑。

第二节　智慧思政中心网站

"浙江高校网络思想政治工作中心"网站始建于 2019 年 4 月，由浙江高校网络思想政治工作中心运行维护。随着浙江省教育领域数字化改革的深入推进，为满足浙江省高校智慧思政系统总体架构建设需要，2022 年 5 月，"浙江高校网络思想政治工作中心"网站进行了改版升级，改版后的网站集宣传教育、成果展示、应用超市、平台登录于一体，实现了浙江省高校智慧思政的统一界面、统一入口、统一身份认证（见图 6-3）。

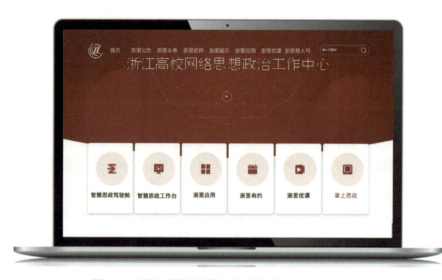

图 6-3　"浙江省高校网络思想政治工作中心"网站首页

一、宣传教育窗口

"浙江高校网络思想政治工作中心"网站设置了"浙里公告""浙里头条"等栏目，主要宣传全国、全省思想政治教育最新动态，发布相关通知公告；设置"浙里聚焦""浙里育人号"等栏目，浙江省各高校可以通过不同的新媒体平台宣传展示思想政治教育的最新动态和特色做法，掌握各高校新媒体平台的关注度和活跃度（见图6-4）。

图 6-4　宣传教育窗口

二、成果展示窗口

"浙里名师"集中展示了全省"思政工作名师""心理教育名师""思政课程名师""辅导员名师""网络教育名师""校外育人名师"等思政专家信息和思政队伍成长案例；"浙里成果"则集中展示了全省高校

"新辅导员100问""浙里潮声""网络文化作品""辅导员工作案例""思政精品项目""思政星课堂"等思政教育优秀成果，为高校思想政治教育的顶层谋划、品牌设计、特色凝练以及思政队伍建设提供了宝贵的经验（见图6-5）。

图 6-5   "浙里成果"窗口

三、应用超市窗口

"浙里应用"汇聚了浙江省教育厅系统设计、试点建设的智慧思政九大特色应用场景，以及各高校自主建设的可复制、可推广的智慧思政应用场景，高校可以通过应用超市学习借鉴智慧思政应用场景建设经验，也可以通过复制推广等模式选购应用场景（见图6-6）。

四、平台登录窗口

"浙江高校网络思想政治工作中心"网站同时为智慧思政驾驶舱、智慧思政工作台、浙里优课等平台登录提供了便捷操作的统一入口，实现"一网通办"，提高用户的使用黏度。

图 6-6　"浙里应用"窗口

第三节　智慧思政工作台网页端

智慧思政工作台集高校思政数据汇集、工作业务办理、工作督查督办等功能于一身。目前建有队伍管理、交流发展、思想教育、心理健康、督查督办等主要模块，同时配置个人中心、接口管理、系统设置等功能（见图 6-7）。主要面向全省高校辅导员、心理教师、学工部、研工部以及浙江省教育厅等开放相应权限和功能。

辅导员可在系统完成注册登录，在个人中心完善基础信息、工作经历、教育经历、学习经历、能力证书、教学经历、科研经历、学术论文、学术著作、奖励表彰等个人信息。在交流发展中参加岗前培训、专题培训、素质能力竞赛学习、浙里有约等；针对思政教育，辅导员可在系统内完成谈心谈话相关工作，导入学生名单，记录谈话内容，统计谈话频次，查询学生谈话情况等；针对心理健康相关的工作，辅导员可在平台发起心理援助，请求专家解答疑难问题。

图 6-7 智慧思政工作台网页端

心理教师可在系统完成注册登录，在个人中心完善基础信息、心理咨询人次、工作经历、教育经历、学习经历、能力证书、教学经历、科研经历、学术论文、学术著作、奖励表彰等个人信息，参与专题培训、浙里有约等队伍发展的相关工作。针对心理健康相关的工作，心理教师可在平台完成心理普查、心理咨询、危机干预等报告工作，也可发起心理援助，请求专家解答疑难问题。

学校管理员是各学校学生思政工作方向的专门负责人。可在系统创建、管理用户与账号，可在系统内导入和查看本校辅导员、心理教师、思政教师等基础队伍信息，并可在系统批量报名参加各类培训活动。针对思政教育工作，学校管理员可统计本校辅导员谈心谈话记录情况和二级学院谈话统计情况。针对督查督办工作，学校管理员可查看、交办、处理本校任务。省校数据对接高校的学校管理员可以通过接口管理实时了解省校数据对接情况。

省厅管理员可在系统中完成队伍发展管理，查看和统计各校辅导员情况、心理教师情况，查看岗前培训报名情况、各基地培训情况，培训基地管理、培训审核、证书发放等。针对思想教育工作，省厅管理员可在系统中查看各校、各学院、各教师的谈心谈话统计情况和谈心谈话明细记录，也可查看各高校教育厅思政专项课题的立项与结题情况。针对心理健康管理，省厅管理员可以查看各校每月上报的心理咨询月报和危机事件月报，可以查看全省心理援助事件情况，可查看专家排班情况，分配专家排班等。针对督查督办工作，省厅管理员可向全省高校发布并查看任务，及时督查督办。

浙江省教育厅从思政队伍建设发展需要出发，建设队伍发展应用，打通并实现了骨干培训、辅导员上岗培训、专题培训等思政队伍培训的基地管理、培训报名、资格审查、网络学习、考核认证、证书发放等全流程闭环管理，为进一步加强思政队伍建设，建立和完善辅导员准入、培养、发展、考核、退出的机制，加快推动新时代浙江省高校辅导员队伍高质量发展奠定了坚实的基础。

建设教育厅思政专项课题分配应用，实时掌握高校思政专项课题立项、结题等状态，实行绩效分配原则，实现大数据精准决策辅助，对未按时完成结题的高校减少次年课题分配数量，对高质量完成结题的高校增加次年课题分配数量。

第四节　智慧思政工作台移动端

浙江省教育厅同时开发了智慧思政工作台移动端，融合了浙江高校网络思想政治工作中心公众号、思政微网、谈心谈话、浙里有约、心理援助、督查督办等智慧思政移动端应用，以及辅导员个人中心（见图6-8）。

浙江高校网络思想政治工作中心定期通过公众号发布全国全省思政工作动态；思政微网即"浙江高校网络思想政治工作中心"门户网站的手机端页面，便于用户通过手机浏览网站的全部内容；智慧思政栏目下开发了思政工作台中谈心谈话、浙里有约、心理援助、督查督办等四大核心应用的移动端，极大地增强了智慧思政系统使用的便捷性，改善了用户的体验感、获得感。

图 6-8 智慧思政工作台移动端

第五节 智慧思政驾驶舱

通过建设浙江省高校智慧思政主题数据库，整合浙江省教育魔方、浙江省高校智慧思政系统、全省高校思政业务系统等多维度数据，建成浙江省高校智慧思政大数据系统——智慧思政驾驶舱，实现浙江省高校网络思政中心对全省思政工作状态监测、预警、分析、跟踪、干预等功能，为全省思政管理、决策提供数据支撑，数字赋能全局化精准管理和个性化预警（见图 6-9）。

智慧思政驾驶舱通过督办督查、三支队伍、思政业务等功能，实现了对高校思想政治教育扁平化、数字化、智能化的管理。智慧思政驾驶舱用于浙江省高校思政工作内容和数据的展示，主要包括浙里学子、辅导员、心理教师、思政教师、思政课程、思想教育、心理健康、特色应用、督查督办等工作内容和数据状态。

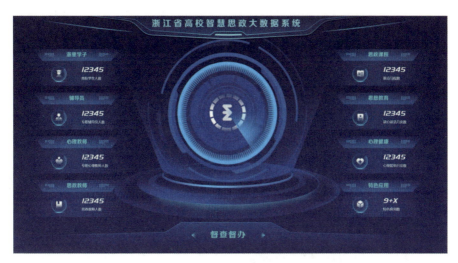

图 6-9　浙江省高校智慧思政大数据系统首页

　　"浙里学子"大屏通过多种图表方式可视化呈现全省高校学生的各项基本信息数据，主要包括年龄、性别、籍贯、生源地、民族、年级、培养层次分布以及各高校学生统计等。

　　"辅导员"大屏通过多种图表方式可视化呈现全省高校辅导员的各项数据，主要包括年龄、性别、籍贯、全省总数、各高校总人数及配比情况、任职时长、学历及职称、编制等。

　　"心理教师"大屏通过多种图表方式可视化呈现全省高校心理教师的各项数据，主要包括性别、任职年限、职称、全省总数、各高校配比、任职时长、学历分布、培训督导等。

　　"思政教师"大屏通过多种图表方式可视化呈现全省高校思政教师的各项数据，主要包括性别、年龄、全省总数、各高校配比、任职时长、职称结构、学历分布等。

　　"思政课程"大屏通过多种图表方式可视化呈现全省高校思政课程数据，主要包括马克思主义学院数、重点马克思主义学院分布、马克思主义学科建设、学位点建设、名师大讲堂、思政名师等。

　　"思想教育"通过多张大屏分别展示主题教育、谈心谈话及辅导员课堂等情况。其中"谈心谈话"大屏通过多种图表方式可视化呈现全省各高校辅导员谈心谈话数据，主要包括谈话类型、谈话地点、谈话主题、重点主题月度变化、谈话累计数据、高校月均谈话次数等。

"心理健康"通过多张大屏分别展示心理普查、教育咨询、危机干预及危机援助情况。"心理普查"大屏通过多种图表方式可视化呈现全省高校学生心理普查信息，"教育咨询"大屏通过多种图表方式可视化呈现全省高校心理健康教育与咨询统计数据，"危机干预"大屏通过多种图表方式可视化呈现全省高校危机干预统计数据，"危机援助"大屏通过多种图表方式可视化呈现全省高校危机援助事件数据。

"特色应用"大屏通过多种图表方式可视化呈现全省特色应用建设数据，主要包括全省各类应用场景建设情况、数字化应用建设历程、"9+X"特色应用等。

"督查督办"大屏通过多种图表方式可视化呈现全省对各高校任务的督查督办情况，主要包括总任务数、响应率、办结率，任务完成情况、超时未办累计、任务月度进度等。

第七章 数据标准：
浙江智慧思政之规范

第一节 智慧思政核心数据分析

智慧思政的核心数据包含两大类：核心人员数据以及核心业务数据，前者主要是指与思政相关的学生、思政队伍、干系人群数据，后者包含思想教育、队伍建设与发展、心理健康、多维育人、行政管理等工作的数据，下面将根据浙江省智慧思政的实践进行分类介绍。

一、思政队伍相关数据分析

高校思想政治工作队伍是高等学校教师和管理队伍的重要组成部分，在高校学生思想政治工作中发挥重要的组织、领导作用，是高校开展学生思想政治教育的重要组织保证，也是全面贯彻党的教育方针、培养合格社会主义事业建设者、接班人的重要力量。高校思想政治工作队伍主要分为以下几类：一是高校党政及共青团干部，他们主要负责大学生思想政治教育的领导、组织、实施；二是辅导员和班主任队伍，他们是高校思想政治教育的核心力量，辅导员和班主任将思想教育融合到班集体建设、学习、生活及社会引导等工作中去，在高校思想政治教育工作一线发挥极其重要的作用；三是思想政治理论课教师，他们主要承担高校思想品德教育、人文素养教育，以及思想理论教育的任务；四是负责高校其他课程授课的专业老师，他们通过为人师表、课程思政等方式，在知识传授过程中使学生获得良好的思想教育。

从专业从事高校思想政治教育的角度看，高校思想政治工作队伍主要分辅导员队伍、思想政治课教师、心理教师三大类。因此，思想政治工作队伍的数据也要分类进行收集和分析。三者的共性信息包括姓名、性别、工号、民族、出生日期、隶属学校等基础信息；三者之间的主要区别在于，辅导员基础信息特征突出其负责的学生人数、是否入住公寓等情况；思政教师基础信息特征突出其担任课程情况；心理教师基础信息特征突出培训参与、个案咨询、团体督导、个体督导、心理资格证书等字段。

各个高校应高度重视思想政治教育队伍建设，尤其是辅导员队伍建设，坚持从实际出发，多措并举，支持辅导员练好基本功，提升职业胜任力，加强人文关怀，增强辅导员职业归属感，不断促进辅导员队伍的专业化、职业化和可持续化发展。思政队伍发展主要涉及思政人员的工作经历、教育经历、教学经历、科研经历（含各类科研项目、学术论文、学术著作）、学习培训经历、能力证书、奖励表彰等信息。

高校开设思想政治理论课，对高校学生开展有目的、有组织、有计划的政治观点、道德规范集中系统教育，进而使大学生养成社会所要求的思想品德。这是国家开展党的理论教育、爱国主义教育、传统文化教育，宣传党的路线、方针、政策，使学生掌握基本的思想理论知识，树立正确的历史观、世界观、人生观、价值观，确保学生坚定拥护社会主义道路方向、拥护党的方针政策，培养具有爱国、爱党、继承民族优良传统文化品质的新时代公民的要求。高校的思政理论课主要通过马克思主义学院开展教学，因此我们在分析思想政治课程时，需要把马克思主义学院基本信息、思政课程信息、思政名师信息、思政授课信息（包含思政课教师授课信息以及辅导员授课信息）纳入其中。

二、谈心谈话相关数据分析

大学生思想政治教育是大学生德育的重要组成部分，也是提高大学生思想道德修养和基本素质的主要内容之一。思想政治教育可以通过思想政治理论课、党课团课、主题教育、主题宣讲等方式，也可以通过学习、生活、社会实践、师生交流等方式将思想政治工作渗透其中。为此我们在进行思政数据分析时，应将主题活动情况、谈心谈话情况、高校社团信息等纳入其中。其中谈心谈话是辅导员落实 1 ∶ 200 责任的重要工作形式。

从谈话的时机来看，分为定期谈话制度，比如每隔一个月、一个季度或者一学期进行一次谈话，以及随机不定时进行谈话，或者在出现某些新情况、新问题时找学生谈心谈话。

从谈话的地点来看，主要分为寝室、教室、办公室、校园、图书馆、心理咨询中心、学生家、其他校内外场所。

从谈话主题来看，可以分为思想引领、党团建设、学业指导、生涯规划、心理健康，奖勤助贷、行为失范等。

从谈心谈话方式来看，可以是面对面谈话、电话沟通、邮箱交流、书信往来，还可以是微信、QQ 等即时通信工具沟通。

从谈话谈心的形式来看，通常采取个别一对一谈话、一对多谈话、家校联系等三种主要形式。一般以个别一对一谈话为主，当谈话对象存在以下特殊情况时，辅导员应及时组织谈话谈心：①入学离校、学籍异动、职务变动、转专业时；②受到表彰、奖励或批评、惩戒、处分时；③学习、工作、生活中遇到困难和挫折时；④家中遇到特殊情况时；⑤发现其违纪违法、打架斗殴、有不当言论时；⑥学生存在困难困惑，主动寻求帮助时；⑦其他需要谈心谈话的情况。一对多谈话一般适用于谈话内容相同或者谈话对象类同的情形，前者主要比如奖学金评定、寝室卫生情况、活动策划等；后者比如班长会议、困难生会议、寝室长会议等。

从谈话谈心的内容看，主要包括：①肯定成绩和查找不足相结合，包括总结成绩、肯定优点、查找不足、分析原因、提出意见和希望；②通报近期工作任务和计划，征求意见和建议，明确责任和工作目标；③相互之间征求意见和建议，表明观点和态度，进行批评和自我批评，统一思想和加强团结；④了解谈话对象的思想动态和学习、工作、心理、生活工作状况，积极帮助其解决实际问题和困难，相互之间沟通思想，增进感情和加深友情。

从谈话谈心的要点来看，需要注意：①以诚相待。要勇于敞开思想、阐明观点，客观真实地反映本人的思想，敢于说真话、说心里话。②有针对性。要从实际出发，针对谈话对象的不同情况和特点，采取相应的方式和方法。切实做到对症下药，并不使问题积累和矛盾扩大。要及时给谈话对象指明方向，聚焦问题，最大限度调动积极因素、消除消极因素。③坚持原则。对原则问题要弄清是非，对存在的缺点和不足要明确指出，对发现的错误要严肃批评。④珍惜机会。通过交流思想、交换意见，促进问题的解决和思想认识的提高，达成共识。⑤保守私密。谈话谈心涉及本人或他人隐私的内容时，谈话双方要为对方或他人保守秘密。

三、心理健康相关数据分析

根据大学生心理的具体特点，有针对性地开展心理健康知识的传授、开展各种形式的心理健康辅导和咨询活动是高校心理健康教育工作的主要任务，能有效培养大学生心理健康意识，健全心理品质，增强社会适应能力、复杂环境下的心理调适能力，预防和缓解心理问题，显著提高他们在学习成长、人际交流、求职规划、环境适应、自我管理、人格健全、恋爱情感，以及情绪调节等方面的处置能力，进而有效提高大学生的心理健康水平，促进其自身全面发展。

高校大学生心理健康教育的核心内容主要涉及：①心理健康知识的宣传和普及，使大学生对自身心理健康有全面客观的认识，培养心理健康意识；②心理健康提升路径教育，使学生掌握心理健康相关知识的学习方法和学习习惯，培养心理调适能力和创新精神，提高心理问题的识别和处置能力；③心理调适方法的教育，通过系统的教育与实践，有效消除心理困惑，提高学生的自我心理调适能力，提高耐挫能力，培养学生坚韧不拔的意志品质和吃苦耐劳的奋斗精神；④异常心理现象的解析，帮助大学生正常面对心理问题，了解心理问题产生的原因，识别心理问题的主要表现，掌握心理问题的科学应对方法。

　　心理普查、心理咨询、心理干预、心理援助是高校开展心理健康工作的主要形式，为此我们要把心理普查信息、高校心理月报（季报）、典型心理案例、重点心理健康关注人群信息作为数据分析的重点。浙江省教育厅建立了全省高校心理援助平台，引入医院相关专家资源，因此还需要将援助平台的专家信息、排班信息、援助案例信息、危机处置过程信息等也纳入其中。

四、督查督办相关数据分析

　　督查督办系统能实现浙江省教育厅各类工作指令的下达、进度跟踪、督办，从而提高事务执行的力度和效率。督查督办从形式上分为线上任务及线下任务两大类。线上任务直接与智慧思政的各业务操作办理相关，任务发布后，直接引导任务接收对象到任务操作界面进行办理，提交操作后，直接更新任务执行状态；线下任务则与智慧思政现有业务操作无关，任务接收者接收任务后，需手动更新任务进程，两者具体划分如下。

　　线上任务主要指以"事务通知＋系统操作"形式下达的任务，接收对象接收到任务后，直接跳转到系统操作界面，系统操作执行完毕后，自动更新任务状态。线上任务的接收对象可分为三类，一是学校对象，即任务接收者为学校负责人；二是学校"对象＋角色"，即接收对象为该校相应角色人员；三是自定义人群，可通过自定义方式自由组合人员对象，以便减少对象选择的复杂度和重复性。

　　线下任务以事务通知的方式下达到任务接收对象，接收对象接收任务并在线下完成任务后，提交任务处置状态。数据收集任务以"事务说明＋在线表单"形式下达任务，接收对象接到任务后，直接在线填报，任务后台直接汇总。资料收集任务以"事务说明＋附件上传"形式下达任务，接收对象接到任务后，直接上传相关附件，任务后台能批量下载。

第二节　智慧思政数据标准依据

一、中华人民共和国教育信息化标准体系介绍

教育信息化标准体系作为国家教育行业的标准，共有七个相关标准，包括教育管理基础代码，教育管理基础信息，教育行政管理信息，普通中小学、中职学校、高等学校管理信息三个标准，教育统计信息等。其中，《教育管理信息　教育管理基础代码》在该标准体系中地位特殊，是被其他六个标准引用的基础标准。

高校智慧思政建设过程中，需要着重参考七个标准中的教育管理基础代码、教育管理基础信息、教育行政管理信息、高等学校管理信息、教育统计信息等五个标准。

二、教育管理基础代码

教育管理基础代码（educational management general codes，简称EMGC）标准规定了全国教育管理基础代码集，适用于中等职业学校、高等学校内部管理的信息化需求，同时也能满足各级各类教育机构以及教育行政机构的管理需要。该标准适用于相关信息处理系统之间的信息交换，主要包含：①学校管理类代码子集；②学生管理类代码子集；③教学管理类代码子集；④教职工管理类代码子集；⑤通用人员管理类代码子集；⑥科研管理类代码子集；⑦资产、图书、实验室管理类代码子集；⑧财务管理类代码子集；⑨办公与档案管理类代码子集。

三、教育管理基础信息

教育管理基础信息（educational management general information，简称EMGI）标准规定了教育管理基本数据元素，同时也确立了教育管理信息中作为数据元素的元数据结构、基本的体系结构。该标准适用于

中等职业学校、高等学校以及教育行政管理部门等我国各级各类教育机构相关的教育管理信息系统设计开发过程中基础数据结构的规范化。

EMGI 由以下五个子集组成：① JCTB 通用 / 标准数据子集，包含学校、学生、教职工、办学条件等四个子集的通用 / 标准的数据元素定义；② JCXX 学校数据子集，对学校概况数据类的相关数据元素进行了标准化定义；③ JCXS 学生数据子集，对学生管理数据类的相关数据元素进行了标准化定义；④ JCJG 教职工数据子集，对教职工管理数据类的相关数据元素进行了标准化定义；⑤ JCBX 办学条件数据子集，对办学支撑条件数据类的相关数据元素进行了标准化定义。

四、教育行政管理信息

教育行政管理信息（educational administration information，简称 EAI）标准确立了教育行政管理信息中最基本的信息体系结构、数据元素的元数据结构，规定了教育行政管理数据元素。该标准适用于教育行政管理信息系统的数据结构设计和使用。

EAI 由以下五个数据集组成：① XZZX 普通中小学教育管理数据子集，组合了普通中小学教育管理数据类的数据元素定义；② XZZZ 中等职业教育管理数据子集，组合了中等职业教育管理数据类的数据元素定义；③ XZGJ 高等教育管理数据子集，组合了高等教育管理数据类的数据元素定义；④ XZSF 师范教育管理数据子集，组合了师范教育管理数据类的数据元素定义；⑤ XZWS 外事管理数据子集，组合了外事管理数据类的数据元素定义。

另外，EAI 还包括以下三个代码集：①师范教育管理类代码子集；②外事管理类代码子集；③普通中小学教育管理类代码子集。

五、高等学校管理信息

高等学校管理信息（higher education management information，简称 HEMI）标准规定了与高等学校管理相关的数据元素的描述规范，明确了高等学校在进行信息系统建设过程中涉及的体系结构及核心数据元素结构的规范，为各类高等学校在管理信息系统设计开发过程中提供标准的数据结构规范。

HEMI 由以下 11 个子集组成：① GXXX 学校概况数据子集，对学校概况的相关数据元素进行了标准化；② GXXS 学生管理数据子集，对学生管理的相关数据元素进行了标准化；③ GXJX 教学管理数据子集，对教学管理的相关数据元素进行了标准化；④ GXJG 教职工管理数据子集，对教职工管理的相关数据元素进行了标准化；⑤ GXKY 科研管理数据子集，对科研管理的相关数据元素进行了标准化；⑥ GXCW 财务管理数据子集，对财务管理的相关数据元素进行了标准化；⑦ GXZC 资产与设备管理数据子集，对资产与设备管理的相关数据元素进行了标准化；⑧ GXBG 办公管理数据子集，对办公管理的相关数据元素进行了标准化；⑨ GXWS 外事（港澳台事务）管理数据子集，组合了外事（港澳台事务）管理的相关数据元素定义；⑩ GXDA 档案管理数据子集，对档案管理的相关数据元素进行了标准化；⑪ GXGZ 高职院校专用数据子集，对高等职业院校管理专用的相关数据元素进行了标准化。

六、教育统计信息

教育统计信息（educational statistical information，简称 ESI）标准确立了教育统计信息的基本体系结构、数据元素的元数据结构，规定了教育统计数据元素。该标准适用于教育统计系统的数据结构设计和使用，由以下五个子集组成：① TJBB 统计报表管理数据子集，对教育统计报表的相关数据元素进行了标准化；② TJXX 学校（机构）管理数据子集，对学校（机构）管理的相关数据元素进行了标准化；③ TJXS 学生统计信息数据子集，对学生统计的相关数据元素进行了标准化；④ TJJG 教职工统计信息数据子集，对教职工统计的相关数据元素进行了标准化；⑤ TJTJ 办学条件统计信息数据子集，对办学条件统计的相关数据元素进行了标准化。

第三节 智慧思政数据标准探索

一、思政队伍建设相关数据建议标准

（一）学校基础信息表

该表主要用于存储高校的基本信息，字段设计时主要参考教育部《全国普通高等学校名单》《全国成人高等学校名单》中对应的数据，字段标准参考《教育管理信息 高等学校管理信息》学校基本数据子类表。本书建议该表设计时应包含学校标识码、学校名称、主管部门、所在地、办学层次、学校地理坐标等核心字段，其中的标识码建议采用《全国成人高等学校名单》中的编码，办学层次建议采用公办、民办、中外合作办学等。

（二）学院部门信息表

该表主要用于存储二级学院或者部门基本信息，建议包含学校标识码、学院部门名称、学院部门编码等核心字段。

（三）辅导员信息表

该表主要用于存储辅导员个人基本信息，考虑到教师的共性，建议数据字段设计时，将人员公共字段与不同角色的专有字段进行分离。

其中人员信息的公共字段建议包含个人注册码、学校名称、学校标识码、教师姓名、教师工号、学院编码、学院名称、手机号、身份证号码、性别、出生日期、民族、政治面貌、籍贯、聘用关系、在职状态、开始工作时间、进入本校时间、专业技术职务、当前职务、照片等。其中身份证号码建议加密存储，出生日期可以从身份证号码中直接提取，政治面貌可参考"政治面貌代码"，籍贯建议包含省市，编码可参考"中国省市编码表"，聘用关系可参考"聘用关系编码表"，在职状态编码可参考"在职状态编码表"，专业技术职务可参考"专业技术职务编

码表"。

辅导员特有字段建议包含担任辅导员时间、是否为少数民族辅导员、辅导学生类型及统计人数、是否入住学生公寓等，其中学生类型建议参考"学历编码表"。

（四）心理教师信息表

该表主要用于存储心理教师的个人基本信息，该表在辅导员个人信息表的基础上，建议添加以下心理教师特有字段：担任心理教师时间、参加培训次数（年）、咨询个案人次数、团体被督导时长、个体被督导时长、团体督导时长、个体督导时长、心理资格证书，其中心理证书参考"心理资格证书编码表"，包含国家二级心理咨询师、国家三级心理咨询师、中国心理学会助理注册心理师、中国心理学会注册心理师、中国心理学会注册督导师。

（五）思政教师信息表

该表主要用于存储思政教师个人基本信息，该表在辅导员个人信息表的基础上，建议添加担任思政教师年月这一思政教师特有字段。

（六）辅导员成长记录数据表

辅导员的工作经历表建议包含工作单位、部门、职务、起始时间、结束时间、岗位性质；教育经历表建议包含学历类型、毕业学校、专业、学位、毕业时间；学习培训经历表建议包含培训类型、培训名称、起始时间、结束时间、状态；能力证书表建议包含证书名称、授予单位、获取时间等；教学经历表建议包含课程名称、课程类型、课程性质、课时量、授课统计人数、学年、学期；科研经历表建议包含项目名称、项目级别、项目编号、起始时间、结束时间、本人位次、批准部门；学术论文表建议包含发表论文的题目、期刊名称、期刊类型、发表时间、本人位次；学术著作表建议包含著作名称、著作类型、出版社、出版时间、本人位次；奖励表彰表建议包含奖项名称、奖项级别、获奖等级、获奖时间、本人位次、表彰部门等核心字段。

（七）学生基础信息表

该表主要用于存储学生基本信息，学生信息字段设计时应与省级或国家级的数字化系统对接，兼容相应的标准规范，建议包含以下字段：学校标识码、姓名、学号、学院编码、学院名称、班级、手机号、性别、出生日期、民族、政治面貌、层次、学制、学籍状态、当前所在年级、入学日期等核心字段。其中民族代码可参考"中国按民族名称的罗马字母拼写法和代码"，政治面貌可参考"政治面貌代码"，层次编码可参考"培养层次"，学制建议设置为两年、两年半、三年、四年、五年、六年。

二、谈心谈话数据建议标准

谈心谈话有多种形式，不同形式的谈话表格设计也不同，我们建议将谈心谈话分为一对一谈话、一对多谈话和家校联系三种主要形式。

（一）辅导员谈心谈话对象表

谈心谈话根据对象不同，登记表单也不同，一般谈话对象的登记表单建议包含以下核心字段：对象编号、对象名称、谈话对象手机号、谈话记录编号。其中对象名称可填写学生姓名、家长姓名、集体名称。一对一谈话时，谈话对象为学生个体，建议包含姓名、学号、性别、班级、手机号（加密唯一）、备注（限制字数，敏感字检测）等核心字段。一对多谈话时，谈话对象可以关联多个学生对象，也可以直接输入文字描述，例如某某班、某某寝室、某某级入党积极分子等。家校联系时，需要先确定学生姓名，然后填写选择谈话对象与学生的关系。

（二）辅导员谈心谈话内容表

谈心谈话根据具体内容不同，登记表单也不同，建议包含以下字段：谈话编码、学生对象编码、学校注册码、学校名称、辅导员注册码、辅导员姓名、谈话统计人数、谈话方式、谈话时间、谈话地点、谈话主题、谈话内容、上传附件。其中谈话方式一般分为一对一谈话、一对多谈话、家校联系等；谈话地点一般为寝室、教室、办公室、线上、其他（自定义）；

谈话主题一般分为思想引领、党团建设、学业指导、生涯规划、心理健康、奖勤助贷、行为失范、其他（自定义）；谈话内容建议进行敏感词检测以及防注入检测。

三、心理健康数据建议标准

（一）心理援助事件信息表

心理援助主要记录援助申请者提交的病例信息以及援助事件相关信息，建议包含的字段有：事件编码、援助人所在学校编码、援助人所在学校名称、援助申请人、申请者联系电话、申请时间、申请状态、事件等级、援助对象学号、援助对象所在年级、援助对象所在学院、学生类型、当前状况、自杀风险评估得分、问题类型、其他问题、预约时段、预约专家、专家确认状态、专家处置时间、申请人反馈时间等。其中申请状态建议设为：0待填报，1待预约/分配专家，2专家待反馈，3求助人待反馈，4归档。事件等级可设为：0疑难，1紧急，2特急。学生类型可设为：1高职生，2本科生，3硕士研究生，4博士研究生。专家预约确认状态可设为：0未确定，1已确定－未处理，2已处置。

（二）心理援助案例详情

心理援助案例用于记录援助对象的详细资料，建议字段包含援助事件编码、援助需求、心理普测类别、性别、生源地类型、家庭结构、家庭经济状况、家庭氛围、寄养/留守经历、大学之前的住校经历、负性生活事件情况等。其中生源地类型可设为：1省会城市，2非省会城市，3乡镇，4农村。家庭结构可设为：1完整，2单亲，3重组家庭，4孤儿。家庭氛围可设为：1亲密，2融洽，3疏离，4紧张，5冲突。大学之前的住校经历可设为：1大学前没有住过校，2小学住校，3初中住校，4高中住校。

（三）心理救援处置表

该表用于记录心理处置相关信息，建议字段设置包含援助事件编码、自杀风险评估得分、伤人风险、疑似精神障碍类型、心理问题类型、其他问题、处置意见、专家意见。其中处置建议可设为：1 跟踪随访，2 心理咨询，3 告知家长，4 转精神科就医，5 启动紧急危机流程。

（四）心理救援处置反馈表

该表主要用于专家援助结束后，援助发起者根据专家建议进行相应处置并反馈处置效果。设计时建议包含以下字段：援助事件编码、处置进展、服药情况、案例去向、及时程度、工作态度、工作技术、工作效果等。其中处置进展可设为：1 跟踪随访，2 心理咨询，3 告知家长，4 转精神科就医，5 启动紧急危机流程。服药情况可设为：1 遵医嘱服药，2 遵医嘱停药，3 自行停药，4 抗拒服药。案例去向可设为：1 在校就读，2 回家休养（治疗），3 住院治疗，4 休学，5 退学，6 毕业。

（五）心理危机月报表

心理危机月报用于记录按高校上报的心理危机事件统计情况，设计时建议包含以下字段：上报学校编码、上报学校名称、上报日期、年月、学生类型、统计开始年级、事件总数量、男生涉危统计人数、女生涉危统计人数、心理普测一类涉危统计人数、心理普测二类涉危统计人数、高职生涉危统计人数、本科生涉危统计人数、硕士研究生涉危统计人数、博士研究生涉危统计人数、一年级涉危统计人数、二年级涉危统计人数、三年级涉危统计人数、四年级涉危统计人数、面对面咨询统计人数、电话咨询统计人数、网络咨询统计人数、团队辅导统计人数、其他咨询统计人数、按咨询问题类型统计人数等，其他类型可参考"心理援助案例详情表"的设计。

四、督查督办相关数据建设标准

（一）督查督办任务表

督查督办主要用于教育主管部门向高校发布各类任务，并跟踪监督任务执行情况，该表设计时建议包含以下字段：任务编号、任务名称、任务类型、系统操作类型、系统表单编码、发布人、发布时间、任务开始时间、任务截止时间、事件状态、任务接收对象。其中任务类型可设为：1 通知型任务，2 数据收集型任务，3 系统内部操作型任务。系统操作类型则根据内部系统具体的操作要求来设定，如辅导员导入、危机干预月报上报、心理教育咨询上报等。任务接收对象一般指各高校的主要负责人。

（二）督查督办响应表

督查督办响应表主要记录各高校的任务受理情况，相关字段可设置为：事件编码、学校编码、学校名称、响应时间、响应接收人编码、响应接收人姓名、完成人姓名、提交完成人编码、提交完成时间、备注、当前待办人编码、当前待办人姓名、当前待办人送达时间、通知状态、督办催办状态、单位责任人编码、单位责任人姓名等。其中通知状态可设为：0 发送中，1 已送达，2 异常。督办催办状态可设为：0 未延迟，1 已延迟（需督办催办）。

第八章　数据共享：
浙江智慧思政之关键

第一节　智慧思政数据中台

2016 年前后，互联网技术高速发展，新型的信息化业务场景不断涌现，各类数据应用层出不穷，为快速响应新型信息化需求，很多企业都不同程度地存在孤岛型的独立应用开发模式，这种开发模式导致不同应用的数据是割裂的，这就造成了"数据孤岛"，导致研发效率、数据存储和计算资源的浪费，使大数据的采集、集成、加工以及应用的成本越来越高，数据标准严重失衡。为解决数据无法共享的问题，阿里于 2016 年率先提出"数据中台"的口号。数据中台的核心目标是通过数据服务化，避免数据的重复加工，提升数据的共享能力，解决"数据孤岛"问题，从而达到赋能数据应用的目的。

数据中台基于维度建模理论，同时借鉴了传统数据仓库有关主题的数据组织方式，通过规范化的管理方式，解决了分散杂乱的异构数据集中存储和统一运算问题，从而构建统一的数据公共层和应用层。数据中台依托大数据平台完成数据研发全流程，同时增加了数据治理和数据服务化以及数据资产内容。

智慧思政平台建设的重要目标就是对涉及思政的组织机构数、师生人员基础数据（尤其是思政人员）、思政人员成长数据、思政课程数据、高校心理健康测评数据、心理健康干预数据，以及含谈心谈话、走寝室、学生活动等在内的各类思政业务数据进行采集、筛选、加工、集成，最终构建思政领域的专用数据中台，该思政数据中台的价值主要体现以下几个方面。

①实现思政数据共享。解决传统的"数据孤岛"问题，实现了思政数据资产的深度沉淀，进而解决了全域思政数据的汇聚，实现数据的价值共通，进而为打造思政数据各类应用场景提供了重要支撑。

②提升思政数据质量。思政数据中台采用了 OneData 方法论，通过构建公共层保证了源头思政数据的标准化与统一性，进而实现思政相关指标、标签的高度统一，极大地提升了思政数据的质量。

③节约数据应用成本。基于数据中台的元数据管理的数据血缘，可以实现数据投入产出比的评估，及时发现并下线投资回报率低的数据，也避免数据重复加工，由此降低数据的研发、存储和计算成本，降低企业数据应用成本。

第二节　浙江省智慧思政数据中台探索

浙江省智慧思政数据中台是一个开放的平台，初步实现了厅—校、厅—厅、厅—医的互联互通，初步解决了各相关系统间的"数据孤岛"问题。思政数据中台的作用是融合新老思政信息，整合各个孤岛上的数据，提升数据共享能力、数据同步能力并快速形成数据服务能力，为业务推进、精细化管理、跨域合作、智能决策提供支持。

一、对接范围

目前浙江省智慧思政数据中台初步实现了以下数据对接。

①高校进行数据对接。主要实现了思政人员信息的同步、学生信息的同步、辅导员谈心谈话数据的同步、高校学生心理测评数据的同步。

②与教育厅各类应用对接。主要实现了与浙江省教育魔方中学生基础信息的对接，后续将通过统一验证的方式实现教育厅内用户及权限数据的对接；需要和教育部的应用系统对接，主要拟与教育部辅导员平

台进行对接，实现思政人员个人基础信息、工作经历、教育经历、学习培训经历、能力证书、教学经历、科研经历、学术论文、学术著作、奖励表彰等数据的同步。

③与其他社会机构的平台进行对接。例如与杭州市第七人民医院合作，实现心理问题学生的自动转介功能。

二、数据共享

基于浙江省思政数据中台的思政数据共享平台体系架构一般包含以下几个层次：基础设施层服务、平台层服务、应用层服务及服务访问层。

①基础设施层服务也被称为物理层，提供基础设施资源，如计算、存储和网络等，这些资源是云计算服务的基础。这一层通常包括云服务器、存储、网络和安全等服务。该层目前主要通过物理资源的虚拟化来实现，是实现各高校、部门、机构与教育厅之间信息数据有效共享的关键，虚拟化技术可以将相关数据资源按照统一的标准分类，构建计算资源、网络资源、数据资源等不同的资源池，把异构的各类思政信息数据转化为同质数据资源，从而达到扩大硬件资源的容量、简化重新配置的目的，目前浙江省智慧思政的基础设施层服务主要依托浙江省政务云来实现。

②平台层服务提供一系列开发和运行环境，用于构建和部署应用程序。这一层通常包括数据库、消息队列、应用程序框架和开发工具等服务。对海量的思政数据资源进行深入分析处理，构建应用程序运行所需要的环境，是实现思政信息数据有效共享的重要核心。

③应用层服务提供一些特定的应用程序服务，这一层通常包括在线应用、协作工具和内容管理等服务，为众多用户提供统一的思政数据共享接口。通过数据隔离措施可以有效提升思政数据的安全性，进而实现思政数据安全、高效共享。

④服务访问层提供云计算服务的接口和访问途径，以便用户可以方便地使用云计算服务，这一层通常包括应用程序接口（API）、Web服务和移动应用程序接口等服务。为各类应用的接入提供统一的标准和

安全保障机制，从而保证各高校及政府应用能快速接入智慧思政平台，各类用户也能随时随地访问教育厅的思政信息数据共享云。

下面以厅—校的数据对接为例来阐述浙江省在智慧思政建设过程中对数据共享的思考、设计与实现。

思政数据共享接口需要经历以下几个过程（见图 8-1）。

第一，接口的设计与开发。根据数据接口对接需求，分析共享数据的内容以及数据范围，制定数据的字段名称、类型、长度标准，制定各类字典表的编码规范，进而开发相应的数据接口，测试通过后，部署服务器，并进行发布。

第二，使用者申请审核与授权。申请者在平台提交接口调用申请，注明调用的接口名称、数据内容与范围。平台管理员经过审批后，分发相应的应用编码、申请机构号、接入密钥。

第三，接入方组织力量或者委托第三方。根据分发的接口调用参数，通过接入验证，获取 token 令牌，并在令牌授权时效内进行相应的数据读写操作，将数据汇集到中间库。

第四，平台对中间库中的数据进行完整性、有效性、规范性、安全性、冗余性等全面检查无误后，最终写入正式库。

三、数据对接

浙江省智慧思政开发了数据接口公共平台，并通过 API 的形式实现数据的交换，对接方可以通过平台发起申请，获得授权后，可以根据 API 的使用说明，实现数据的交换。下面以谈心谈话为例对数据交换进行说明。

API 申报流程如下：第一步，在数据接口平台提交应用接入申请。第二步，接入申请审核，审核通过后下发账号用户编码、密钥 client_secret 等参数。第三步，接入机构的开发人员根据 API 文档进行接口对接。

API 的安全防护包括以下几个方面：①身份认证。基于 OAuth2 标准的 client_credentials 身份认证方式，任何请求都需要验证其有效性，

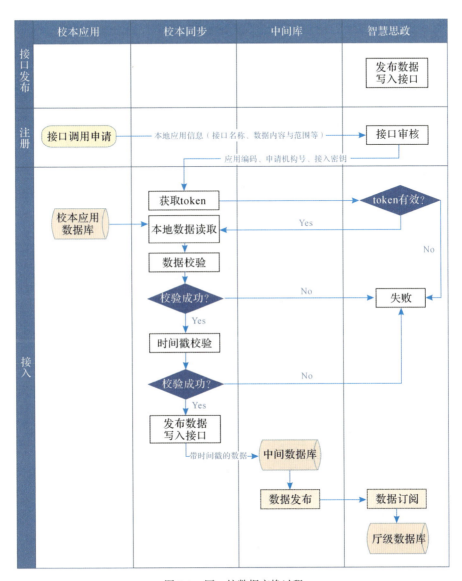

图 8-1　厅—校数据交换过程

请求头中必须附上 token。②数据加密。由于学生涉及敏感数据，所以谈心谈话数据内容在接口调用前需要通过全量国密算法进行加密。③调用频次。每次接口调用只传输一条谈话记录，调用结束后返回该记录上传结果。

API 调用步骤如下：第一步，请求获取对接账号 client_id、密钥 client_secret 等参数。第二步，请求获取 token。该 token 用于"谈心谈话数据推送接口"的授权认证，每个接口请求头部都需要携带对应格式的 token，并需要对 token 的时效性进行验证，token 的请求相关格式见表 8-1、表 8-2、表 8-3。第三步，谈心谈话数据推送接口调用。数据推送接口请求相关格式见表 8-4。

表 8-1　请求头格式

名　称	说　明
URL	/api/oauth2/token
Method	POST
Content-Type	application/x-www-form-urlencoded

表 8-2　请求参数格式

名　称	说　明
grant_type	授权许可类型，固定为 client_credentials（客户端凭据许可）
client_id	申请时分发对应的应用编号
client_secret	申请时分发的对应密钥

表 8-3　响应数据格式

名　称	说　明
access_token	访问时需要携带的 token
scope	申请并获得授权的 scope
token_type	token 的类型，固定值 Bearer
expires_in	访问 token 有效期，单位为秒

表 8-4 数据推送接口请求头格式

名 称	说 明
Authorization	Bearer{token}
Content-Type	application/json

具体调用方式有 POST、编码格式、UTF-8 三种；响应方式为 JSON。

对接方的开发人员可以通过在线文档来获悉谈心谈话数据字段说明，并根据该说明整理本地系统的数据，同时进行数据字段的映射以及类型和编码的转换，并通过调用平台发布的具体接口 URL 地址，发送图 8-2 获取请求参数。

```
{
"reqId":" 请求编码，由调用方自行生成 32 位以内的序号，用于保证请求不重复 ",
"appId":" 由平台分发的 client_id",
"data":" 业务数据 SM4 加密后的密文 "
}
```

图 8-2 谈心谈话接口调用参数规范

所有数据接口 HTTP 的 RequestBody 均按照图 8-2 的格式进行传输，其中 data 部分是业务数据 JSON 进行国密 Sm4 算法加密后以 Base64 编码的密文。

接口平台根据请求返回谈心谈话数据推送结果的格式如下，当 code=0 时为成功，其他值为不成功；msg 当失败时会返回错误原因（见图 8-3）。

```
{
"code":0
"msg":" 成功 "
}
```

图 8-3　谈心谈话接口调用结果反馈规范

第九章　核心应用：
浙江智慧思政之创新

　　浙江省教育厅聚焦思政工作的重大需求，集中力量进行攻关突破，从全省布局层面明确攻关突破重点，前期主要打造辅导员谈心谈话应用、心理危机援助应用、浙里有约应用和督查督办应用等四大应用，把思政工作放到更大的场景中进行审视、思考和谋划，推进高校思政数字化改革跨部门、跨区域、跨层级的"多跨协同"。

第一节　高校思政最本质应用：辅导员谈心谈话应用

一、需求分析

　　辅导员是高校日常思想政治工作的组织者、实施者、指导者，是高校思想政治工作的骨干成员，是大学生成长成才过程中重要的人生导师、是青年学生的重要知心人。谈心谈话是辅导员日常工作的重要形式，也是高校思想政治教育最普遍、最直接、最重要的工作手段，是高校思政工作中最高频的应用，是辅导员与学生建立情感纽带、解决学生问题、开展价值引领的重要途径，也是在时代发展、科技进步中，无法被人工智能等新兴技术取代的一个环节。谈心谈话工作不仅仅局限于某次谈话过程本身，而是融于整个育人体系，因此，落实谈心谈话工作至关重要。

　　辅导员是不是了解所带的每一位学生、是不是和每一位学生建立了情感，是能不能做好学生安全稳定工作、能不能开展学生价值引领的前提。目前，辅导员的谈心谈话工作还存在如下问题。

一是谈话认识的主客观问题。从客观上看，学生工作日常事务繁复琐碎，加上临时性工作的不确定性，许多辅导员疲于奔命，客观上腾不出时间开展更多的学生谈心谈话工作。从主观上看，存在不少辅导员对学生谈心谈话教育的认识不足，甚至把与学生的谈心谈话教育看作形式主义的情况。

二是谈话对象的轻重问题。目前辅导员谈心中存在重应对轻预防的现象，谈心谈话往往是应对性、应急性的，学生出现了问题，才找学生谈心谈话了解情况，预防性的谈心谈话不足，缺少与隐而未发学生的交流沟通。

三是谈话频次的强弱问题。辅导员谈心往往对"两头"学生的频次强，对"中间"学生的频次弱，在具体工作中，辅导员与学生干部、特殊群体学生谈心谈话频次多，与中间学生的谈心谈话频次少。

四是谈话内容的多少问题。辅导员谈心与学生漫谈多，价值引领少，辅导员在谈心谈话过程中，涉及的大多是个人规划等与学生日常发展息息相关的事情，对学生价值引领、理想信念等方面的教育稍显不足。

二、场景建设

该应用围绕建立高校辅导员谈心谈话全场景集成，梳理关键数据，建立数据标准，实现分级管理，探索大数据预测分析，为浙江省高校辅导员谈心谈话工作提供基础性、系统性支撑，借助数字化应用推进辅导员谈心谈话工作落实、落细、落地、见效，为高校安全稳定和大学生思想引领工作夯实基础（见图9-1）。

辅导员可以在该应用中导入学生信息（见图9-2），一次性导入后，在与学生的谈话记录中直接选择谈话对象即可。同时，辅导员可以查看谈话对象的历次谈话记录，为不断深入与学生的谈心谈话提供数据支撑。该应用通过权限管理，实现了辅导员可以看到自己学生的谈话记录，院系管理员可以看到该院系下所有辅导员的谈话记录。

辅导员填写谈话记录的界面清晰简洁，布局合理，大部分内容只需

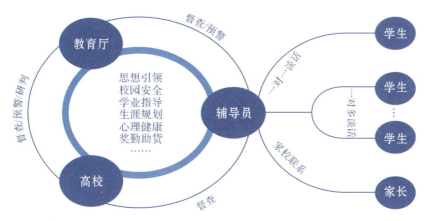

图 9-1 谈心谈话应用框架

图 9-2 学生信息导入界面

点选即可，使用简单方便，谈话内容可以文字输入，也可以语音输入后自动转为文字，提高了使用的便捷性（见图 9-3）。

根据该谈心谈话应用的功能设计，该场景应用具有以下几个特点。

①场景全集成，数字化全覆盖。辅导员谈心谈话工作的重点是做到对每一位学生的关心关爱。该应用对业务进行全场景分析，通过数字化推进浙江省高校辅导员全覆盖、浙江省大学生全覆盖、辅导员与学生谈话全覆盖，目前已将浙江省高校每一位辅导员、每一位在校大学生的信息录入系统，同时对应用场景进行省、校、院系、辅导员四级设计，

满足不同层级需求。省级层面实现一纵到底，可以实时了解每一所高校、每一个院系、每一位辅导员的谈心谈话数据；高校可以实时掌握自己学校每一个院系、每一位辅导员的工作开展情况；院系可以实时掌握本院系每一位辅导员的谈话情况；辅导员可以看到自己所有的谈话记录。该应用自动统计辅导员与所带学生的谈话次数，解决当前存在的辅导员与"两头"学生交流多，与"中间"学生交流少甚至没有交流的问题，推动实现对每一个学生的关注全覆盖（见图9-4）。

②数据标准化，谈话流程重塑。数据是信息系统的基础，数据标准

图9-3　谈心谈话内容录入界面

图9-4　谈心谈话记录查看界面

是数据共享和系统集成的重要前提。浙江省教育厅深入调研，对辅导员谈心谈话的业务数据进行梳理，抓住核心关键，细化数据颗粒度，对谈话数据的精度、标准、流程进行数据要素和业务要素的整合分析。谈心谈话应用根据业务场景，围绕数据的标准化和使用的简易性进行流程重塑。把谈话的形式分为一对一谈话、一对多谈话和家校联系，把谈话的主题分为思想引领、校园安全、学业指导、生涯规划、心理健康、奖勤助贷等六大类型，为浙江省谈心谈话的大数据分析提供数据标准。该应用具有易用性、实用性和有效性，谈话记录按时间轴呈现，方便辅导员不断深入与跟进。即使出现辅导员变动，也可实现谈心记录无缝交接，方便继任的辅导员了解学生情况，继续开展工作。

③应用可分合，省校对接互通。浙江省教育厅前期对浙江省高校谈心谈话的数字化应用进行了调研，调研结果显示已有40余所高校有自主的辅导员谈心谈话应用。根据这一实际，浙江省高校辅导员谈心谈话应用采用了直接开发和数据对接两种模式。目前尚无应用的高校直接使用浙江省教育厅开发的谈心谈话应用，此应用同步开发了网页端和手机端，辅导员可以根据实际工作需要登录不同的设备。针对已有谈心谈话应用的高校采用数据接口的方式，浙江省教育厅提供标准字段，各高校进行数据接入（见图9-5）。这两种模式大大减少了高校的重复开发和重复投入，也实现了浙江省谈心谈话数据的有效汇集。

④机制红黑榜，引导督促结合。谈心谈话作为辅导员开展大学生思想政治教育的常态工作方式和重要手段，推动的主体是高校。浙江省教育厅要求各高校根据自身实际出台相关办法，从制度和机制层面引导辅导员花更多时间深入学生群体、深入学生班级、深入学生寝室，及时了解学生所思所想，及时解决和回应学生诉求，及时做好学生的思想引领工作，做到高校思想政治工作因事而化、因时而进、因势而新。浙江省教育厅在浙江省高校智慧思政驾驶舱中设置辅导员谈心谈话红黑榜，按浙江省高校辅导员人均谈话次数进行排名，前十名进入红榜，后十名进入黑榜（见图9-6），以此督促和引导高校重视辅导员的谈心谈话工作，深刻认识到辅导员与学生的谈话工作影响学校的安全稳定工作。

浙江省教育厅同时加大抽查力度，利用好谈心谈话系统可以纵向到底，直接达到每一位辅导员的数字化优势，对谈话记录进行不定期抽查，核实谈话记录的真实性。

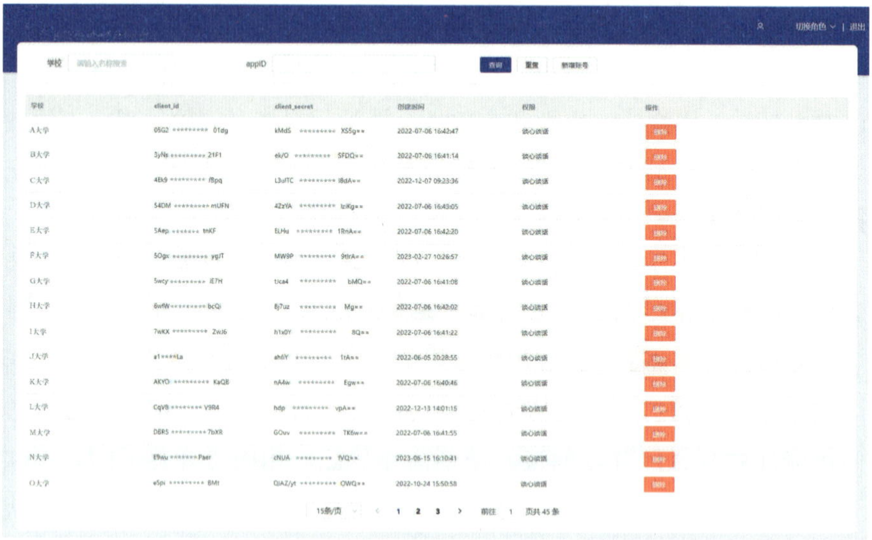

图 9-5　谈心谈话接口管理

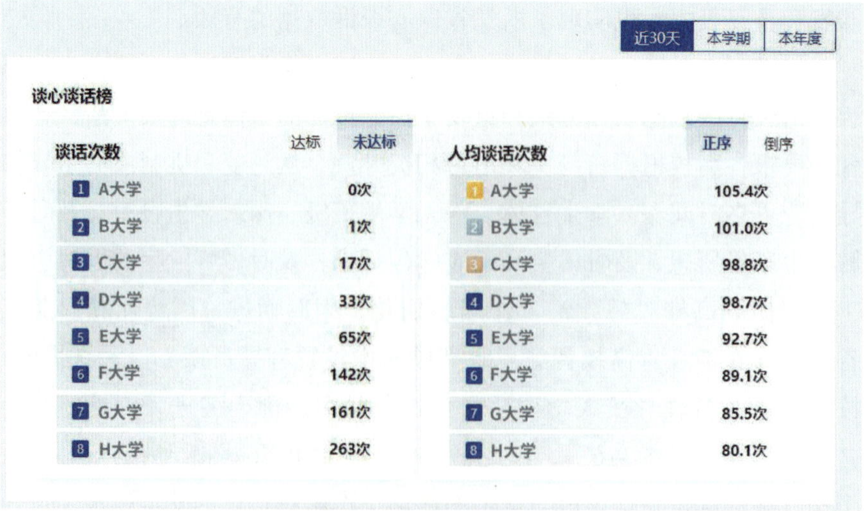

图 9-6　谈心谈话红黑榜

三、改革突破

（一）谈话看得见，切实解决辅导员工作痛点

辅导员谈心谈话系统的应用，让日常辅导员与学生的交流显性化，把不可见的思想政治教育工作变得可见。截至 2023 年 4 月底，浙江省高校已累计记录谈心谈话 100 余万条，这不仅有利于辅导员总结规律，归纳经验，指导今后的谈心谈话工作，也有利于辅导员对学生的跟踪回访。很多情况下，一次谈话并不能完全解决学生的问题，谈话系统的应用可以帮助辅导员快速、便捷地查看过往的谈话记录，适时安排与学生的跟踪续谈，为更加深入地与学生交流提供数据支撑，切实提高辅导员谈心谈话的有效性。

（二）问题可察见，加强思政工作的针对性

通过谈心谈话数据的汇集，辅导员可以清楚看到统计数据，及时发现存在的问题，如及时发现学生谈话是否全覆盖，与学生谈了什么，谈了几次，与哪些学生一次都没谈过等情况；又如通过谈话主题及时掌握某一阶段学生普遍存在的问题，帮助辅导员精准了解所带学生的情况，从而有针对性地开展相应工作。从院系层面看，可以了解相关辅导员的谈话次数、谈话形式、谈话主题等内容，对一段时间谈话较少的辅导员进行提醒和指导，对学生中的问题进行分析。省教育厅和高校统揽全局，及时发现问题，及时纠偏，有效推进辅导员谈心谈话工作落地、落实、见效。

（三）趋势有预见，形成辅助决策支持能力

大数据的核心价值在于预测，本质是解决问题，基于预测做出判断。通过谈心谈话应用，实现数据在省、校、院系、辅导员四级的互通共享；基于系统，建立浙江省谈心谈话数据空间与数据管道的大数据仓；通过智能算法，对谈话内容进行不同维度的分析与预警。一是根据时间进行预警。通过监测谈心谈话数据，系统可以检测到异常变化与时间的关系，如在期末考试前、毕业前相关数据有所增加，从而发出预警信号，

高校可以根据这些预警信号采取相应的支持和干预措施。二是根据主题进行预警。通过谈心谈话主题分析，系统自动识别人际关系、学业压力、就业升学等特定主题与心理健康问题的相关性。通过对谈话主题进行监测和分析，系统可以发现潜在的风险，提醒高校及早介入。三是根据群体进行预警。根据不同年级进行大数据分析，可以识别出存在心理健康问题的特定群体，有助于高校为特定群体提供定制化的支持。

第二节　高校思政聚合力应用：心理危机援助应用

一、需求分析

大学生心理健康教育、心理危机干预是高校思想政治工作的重要内容。大学生心理健康问题的日益突出，给高校心理危机干预工作带来诸多挑战。

一是大学生心理问题呈现多发、频发态势，尤其当前"00后"作为大学生主体，他们具有思维更加灵活前卫、价值取向更加多元、自我意识更加突出、人际冲突更难协调等鲜明的群体特征，使高校心理健康教育工作不断面临新形势、新问题和新挑战。进入大学后，一些学生可能会遇到孤独感和社交隔离等问题，如果长期缺乏支持系统和社交互动，可能会对其心理健康产生负面影响；一些学生常常面临来自学业、考试、未来就业等方面的压力，这些压力可能导致其焦虑情绪的增加；一些学生在寻找自我身份和定位的过程中感到困惑或遇到挑战，出现自我怀疑、自我评价不足等问题。

二是心理健康教育作为一门专业性、综合性较强的交叉学科，专、兼职心理教师除了需要具备心理学专业知识，还要具备社会学、教育学、行为学、医学等方面的知识，同时严格遵守伦理道德规范和法律制度。近年来，各高校学生对心理咨询的需求日益增长，但高校心理健康队伍仍存在师资力量薄弱、专业匹配度不高等问题。

三是心理健康需求的不确定性，大学生的心理健康需求通常具有不确定性，有些问题可能需要长期的心理咨询和支持，有些问题需要紧急处置，这种需求的不确定性使得高校在资源的分配和规划上变得更加困难。

四是危机援助长效机制有待进一步完善，大多数高校缺乏对心理危机的系统性研究，虽然重视心理危机干预，但总体以被动处置为主，难以聚焦危机发生的根源。高校需要建立心理危机援助的长期跟进机制，不仅在危机发生时提供及时援助，还要提供后续的持续支持。高校需要建立统一的数据统计与评估系统，对心理危机援助的工作效果进行监测和评估，及时调整和改进援助措施。

二、场景建设

大学生心理健康相关需求的增加与高校心理师资力量的不平衡是当前的主要矛盾，针对各高校危机干预水平不平衡、处置能力不均衡等问题，打造了高校数字化心理援助系统。该系统借助场景应用，实现多跨协同，全省联动，切实解决广大学生的心理问题，降低风险。该应用根据学生心理危机的风险程度和心理障碍的严重程度，区分事件危机分级，并明确不同的操作应对方式。该应用打通高校与高校、高校与医院之间的物理壁垒，汇聚全省高校心理专家、医生资源，实现多跨协同、全省联动，开展高校心理危机援助工作，缓解高校心理教师、辅导员、班主任、导师等一线思政工作者的压力（见图9-7）。

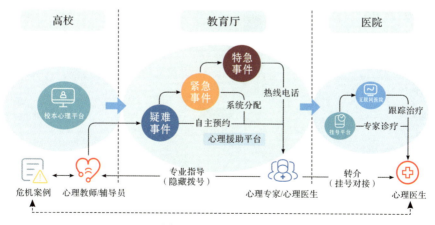

图 9-7　心理援助示意

疑难事件采用预约制处置，适用于学生表现出明显的精神异常，或言语中流露出有自伤或伤人的倾向，且有一定的诱发事件和行为动机，或有伤害行为的具体实施计划，但尚未发生伤害行为，高校心理教师或辅导员在处理过程中有疑难困惑，需要专家援助等情况。

紧急事件采用"预留号＋加号"制，适用于当学生出现严重的精神病性症状（幻觉、妄想、情绪失控、缺乏自知力等），存在较高的危及自身或他人生命安全的风险等情况。如当天预约号不足，可直接通过加号的方式咨询专家。

特急事件采用直接求助制，通过专家热线实时处置，适用于学生正在实施伤害自己或他人的行为，或失踪失联，或出现群体性严重恐慌等情况时。

（一）援助申请人

①疑难事件申请。援助申请人可提前 3 个工作日登录浙江省高校心理危机援助应用发起申请，选择事件类型"疑难事件申请"（见图 9-8）。按要求填写事件的基本情况，预约等待专家反馈信息（见图 9-9）。专家根据预约时间安排电话反馈咨询人员，提供危机干预服务。待专家在系统上填写处置意见后（见图 9-10），由援助申请人填写反馈评价（见图 9-11）并归入历史档案。

图 9-8　疑难事件申请界面

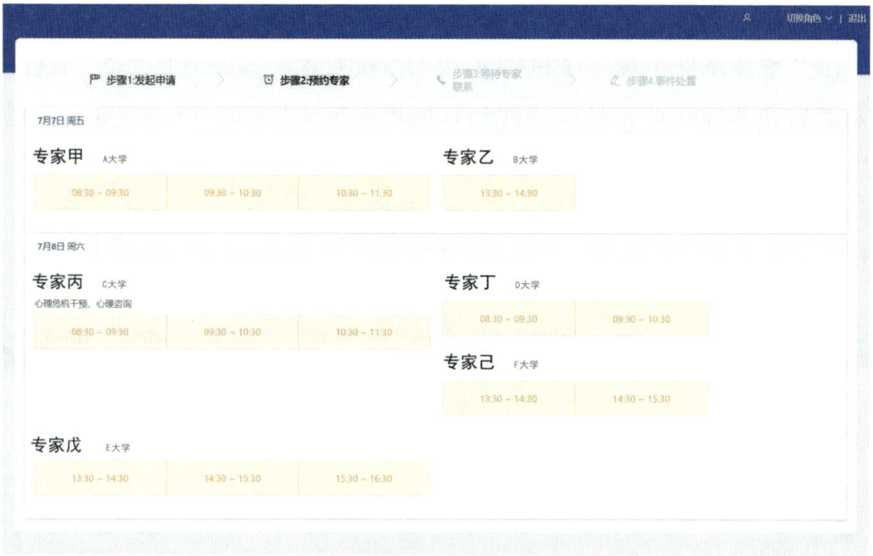

图 9-9　疑难事件专家预约界面

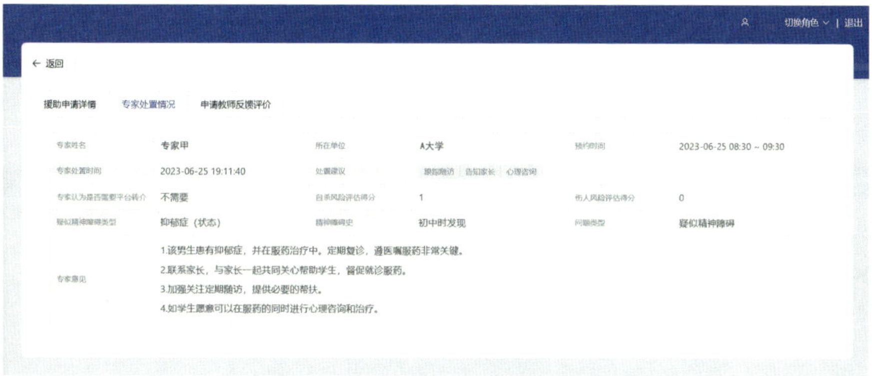

图 9-10　疑难事件专家处置情况界面

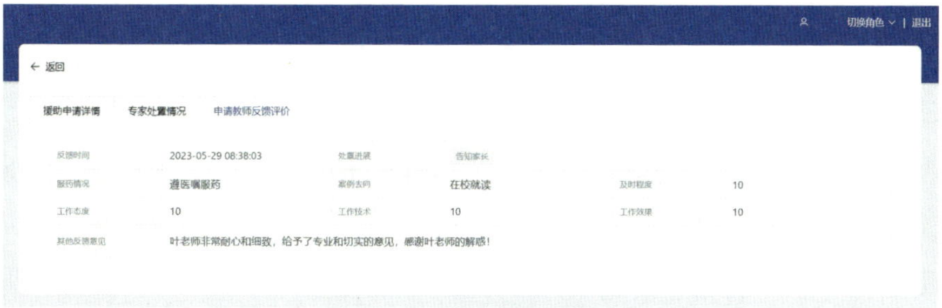

图 9-11　疑难事件评价界面

　　②紧急事件申请。援助申请人根据紧急事件申请的提醒，选择事件类型"紧急事件申请"（见图9-12）。按要求填写事件的基本情况，系统启动特殊通道，直接匹配当日值班专家（见图9-13）。专家通过电话直接反馈援助申请人，提供危机干预指导服务，沟通完成后专家出具处置意见，专家在系统上填写处置意见后，由援助申请人填写反馈评价并归入档案。

图 9-12　紧急事件申请界面

图 9-13　紧急事件专家预约界面

　　③特急事件申请。援助申请人在事件发生即时发起援助，选择事件类型"特急事件申请"（见图9-14）。系统自动显示热线电话，援助申请人即可直接与热线专家进行电话沟通。事后由援助申请人补充危机

事件的基本情况、专家处置意见及后续安排，援助申请人反馈援助评价后归入档案。

图 9-14　特急事件申请界面

（二）心理专家

①疑难事件申请。援助申请人发起申请，预约专家号，心理专家通过微信平台确认后，在预约的时间段主动拨打援助申请人电话进行电话交流，并于三天内在系统中填写处置意见，处置完成后，援助申请人将第一时间收到反馈结果的提醒消息（见图 9-15）。

②紧急事件申请。援助申请人发起申请，系统直接分配当天专家号，心理专家通过微信平台确认后，在预约的时间段主动拨打援助申请人电话进行电话交流，并于当天在系统中填写处置意见，处置完成后，发消息通知援助申请人。

图 9-15　心理援助专家处置结果消息提醒

三、改革突破

（一）切实解决高校心理危机援助痛点，实现人员协同

该应用的定位是针对高校自身力量不足或自身不能解决的心理问题进行援助，援助申请人是专职心理教师、高校辅导员、班主任、导师等，解决他们经过工作未见成效或超出其自身能力的各类心理问题，通过平台的专家资源有效解决心理危机干预中的种种难题。将医院专家资源与高校心理专职教师资源进行整合，首批共遴选120名高校心理专职教师、60名精神科医生组成危机干预专家团队入驻平台，每天安排4位专家值班，通过平台实现了高校辅导员、班主任、导师、专职心理教师、精神科医生的有效协同。

（二）完善心理危机援助网上一键转介，实现校医协同

根据学生心理危机的风险程度和心理障碍的严重程度，将危机区分为特急事件、紧急事件、疑难事件三个等级。疑难事件采用预约制；紧急事件采用"预留号＋加号"制，当天处置；特急事件采用直接求助制，通过专家热线实时处置。平台与杭州市心理专业医院等合作，开通医院专家门诊预约"绿色通道"，实现校医联动、实时转介、及时诊治，打通心理危机干预转介渠道。

（三）建立心理危机援助个案数据库，实现督导协同

高校心理危机援助应用自上线以来，已处理近5000起援助，建立了危机援助个案数据库。结合专家给予的处置意见以及援助对象提供的反馈评价，能够及时优化危机干预处置策略。分析援助案例的共性问题，进行科学研究，帮助心理咨询师和危机干预人员更好地应对心理危机，确保个案处理符合专业标准和伦理要求。

（四）全面了解心理危机变化态势，实现数字赋能

通过该应用可以全方位、全过程掌握浙江省高校心理危机事件总体情况、类型分析、地域分布、动态状况、发展趋势、处置结果等，为大

学生心理健康教育提供大数据支持，进一步提高高校心理育人工作质量，也为浙江省高校安全稳定研判分析和决策部署提供精准的大数据支撑。

第三节　高校思政强队伍应用：浙里有约应用

一、需求分析

高校辅导员队伍的专业化和职业化发展关乎高校管理和服务能力，更关系到高校思想政治教育的成效。随着我国高等教育的高速发展，大学生在校人数逐年增长，学生成长需求已经从单一化向多元化、复杂化方向发展。大学生的生活、学习、心理等综合化辅导需求日趋凸显，对辅导员的个体能力有了更高的要求。但是，高校辅导员队伍的专业化程度、专业知识素养和业务综合素质仍有一定的上升空间，辅导员专业化发展建设机制不健全，数智思维培养存在滞后性，新入职的辅导员普遍存在工作经验缺乏、业务能力不足、责任意识不足、职业认同感差等问题，导致高校辅导员队伍的专业化发展进程缓慢。

高校辅导员队伍建设不仅要关注辅导员自身的发展，也要注重整个辅导员团队的建设，为此要重视辅导员队伍整体的协同发展。面对学生群体多元化、成长经历个性化、发展需求多样化、学生问题复杂化的新情况，辅导员队伍协同发展、彰显专长、整体配合也成为辅导员团队建设的新趋势。高校在思想政治工作过程中应挖掘各类资源，高校大学生思想政治工作需要涵盖全体学生、整个大学生涯，并覆盖学习、生活、就业等多个领域。同时根据思想政治教育工作的新形势，开展广泛的校内、校际辅导员队伍交流、学习和合作，形成有效联动，激发内生动力，切实推进高校辅导员队伍建设整体发展。

现阶段，浙江省各高校共有 7000 余名思政辅导员，辅导员的工作能力、水平、视野、格局，直接关系到高校的思想政治教育水平。但是，除了业务培训、会议研讨、线下交流等形式，全省甚至各高校层面目前还没有一个辅导员成长的互动空间，校内和校际辅导员协同联动的成长平台缺乏。

从辅导员队伍建设的问题、需求、效果导向出发，构建一款跨学校、跨时空、跨领域的多场景浙里有约应用，提升辅导员的育人能力和水平，拓宽辅导员的管理视野和格局，充分发挥校级、省级"思政工作名师""心理教育名师""思政课程名师""辅导员名师""网络教育名师""校外育人名师"等思政教育专家的榜样引领和典型示范作用，有效利用各高校线下育人和场馆平台，通过数字化手段解决全省思政教育专家资源与辅导员成长需求的匹配难题问题，形成浙江省高校思政工作的传承、交流、成长一体化平台，是当前辅导员队伍建设和智慧思政建设的迫切需求。

二、场景建设

结合实际情况，浙江省教育厅推出的浙里有约应用以辅导员互动交流为最直接的功能，发挥榜样引领和典型示范作用，利用各高校线下育人和场馆平台，构建跨学校、跨时空、跨领域的多场景应用，提升辅导员的育人能力和水平（见图 9-16）。

图 9-16　浙里有约网站

（一）导师风采

导师信息面向全省辅导员开放。浙里有约应用校际平台聘请"思政工作名师""心理教育名师""思政课程名师""辅导员名师""网络教育名师""校外育人名师"等全省思政、教育、心理、宣传、安全等领域专家汇聚浙里有约应用的导师库，本校平台专家可聘请校外专家、本校教授学者、部门学院负责人、优秀辅导员典型等组成各类导师。辅导员可通过应用查看导师信息，有针对性地邀请导师入驻活动或者开展指导。

（二）我要参与

相关活动由浙里有约应用中的导师或者校级管理员发布。按照活动主题、活动规模、参与范围等因素分类，辅导员可结合自身需求，选择进入"校际"或"本校"平台，查看活动时间、地点等信息，并点击"我要参与"（见图9-17）参与活动。本校平台侧重于提升新辅导员在校内的履职能力、工作水平和业务素质，为新辅导员提供有益借鉴，夯实辅导员做好思想政治教育工作的基础。校际平台着力于增进全体高校辅导员之间的研学、交流，拓宽辅导员视野，学习他人的成功经验，围绕学生工作中具有共性的难点、重点等问题开展深入讨论，吸收新观点、开辟新思路、学习新方法，提升辅导员队伍的整体工作能力。

（三）发起众筹

除了传统的报名参与活动的方式，辅导员可基于学生成长规律、自身发展需求、日常工作痛点难点等，分别在校际、本校平台发布自己感兴趣的内容或活动，发起众筹或参与众筹（见图9-18）。众筹达到一定人数、有名师参加时，众筹成功，并且可以转为活动，其他成员可以通过"我要参与"参加活动。辅导员可以通过应用实现专家邀约，邀请特定专家入驻活动开展指导；或者当参与众筹的辅导员达到一定人数时，平台会根据需求自动匹配专家，满足辅导员个性化的学习交流需求，在全省范围实现辅导员基于工作特点和研究兴趣开展的专业化交流，推动形成辅导员学习发展共同体。教育厅可以结合发起众筹的活动类型展开分析，了解、掌握辅导员职业发展路径中的所思、所想、所盼。

图 9-17　我要参与界面

图 9-18　发起众筹界面

（四）特色活动

通过浙里有约应用，将开心运动场、沙龙研讨、名师大讲堂、相约读书会、一起参访、下午茶、聚会"趴"以及线上空间等辅导员喜闻乐见的形式与名师的学术专长、育人专长相结合，在全省打造一批深受辅导员欢迎的名师特色品牌。围绕辅导员队伍建设和作用发挥中存在的实际问题，通过沉浸式的活动体验，实现优势活动的传播与转化，着力破解辅导员的本领恐慌和职业困惑，解决辅导员专业化成长中出现的"全而不专"问题，让辅导员在特色品牌活动中学习掌握指导学生成长、开展团队建设的关键点，快速提升工作能力。辅导员可以通过查询往期活动（见图9-19）了解详情，参考借鉴，谋求进步。教育厅可以对已开展活动进行分析统计，做好归纳总结和后续的支持。

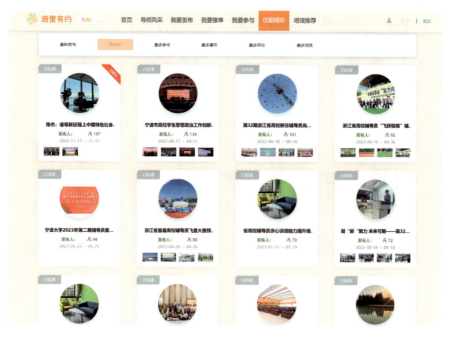

图9-19　往期精彩活动界面

（五）场馆推荐

校园文化建设对辅导员自身以及整个团队的专业化发展起到重要作

用。可以通过应用查询省内高校相关公共场馆（见图9-20）的情况简介及预约途径，实现省内各高校博物馆、艺术馆、书吧、咖啡吧、人文空间、科创空间、运动场馆、心理驿站等公共场馆以及开放区域的展示呈现，强化校际思想政治教育与校园文化建设的交流借鉴。深挖省内高校空间设施资源，以体育场馆、文化艺术中心、图书馆等通用性场所设施共建共享为探索中心，打破校际藩篱，加强交流学习，实现高校思想政治工作互融共促，助推高校思政工作质量提升综合改革与精品项目建设。辅导员可以查看相应场馆的负责人及联系方式，以便预约场馆，围绕高校思政工作开展相应的活动。

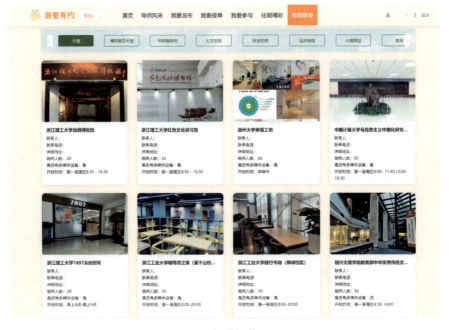

图9-20　场馆推荐界面

根据该浙里有约应用的功能设计，该场景应用具有以下几个特点。

①多平台运行，场景自主选择。按照活动主题、活动规模、参与范围等因素分类，浙里有约应用建设"校际""本校"两个平台，辅导员可结合自身需求，选择进入相应平台，参与浙里有约，或开展活动众筹。

本校平台侧重于提升新辅导员在校内的履职能力、工作水平和业务素质，为新辅导员提供有益借鉴，夯实辅导员做好思想政治教育工作的基础。校际平台通过辅导员研学、专题活动、主题交流等形式拓宽辅导员视野，交流共性问题、共享宝贵经验，提升整体工作能力，创新工作方式，从而推进全省辅导员队伍整体素质的提升。

②多领域专家，系统自动匹配。浙里有约应用校际平台聘请"思政工作名师""心理教育名师""思政课程名师""辅导员名师""网络教育名师""校外育人名师"等全省思政、教育、心理、宣传、安全等领域专家汇聚浙里有约应用的导师库，本校平台专家可聘请校外专家、本校教授学者、部门学院负责人、优秀辅导员典型等组成各类导师。通过应用，导师可发起活动，发布报告主题、时间等相关信息，辅导员在线抢票预约，也可以根据辅导员需求自动推选活动信息，实现专家报告与辅导员需求的自动有效对接。

③多兴趣众筹，供需流程再造。除了传统的报名参与活动的方式，辅导员可基于学生成长规律、自身发展需求、日常工作痛点难点等，分别在校际、本校平台发布自己感兴趣的内容或活动，发起众筹。辅导员可以通过应用实现专家邀约，邀请特定专家入驻活动开展指导；或者当参与众筹的辅导员达到一定人数时，平台会根据需求自动匹配专家，满足辅导员个性化的学习交流需求，在全省范围实现辅导员基于工作特点和研究兴趣开展的专业化交流，推动形成辅导员学习发展共同体。

④多形式学习，特色品牌打造。将开心运动场、沙龙研讨、名师大讲堂、相约读书会、一起参访、下午茶、聚会"趴"以及线上空间等辅导员喜闻乐见的形式与名师的学术专长、育人专长相结合，在全省打造一批深受辅导员欢迎的名师特色品牌。围绕辅导员队伍建设和作用发挥中存在的实际问题，通过沉浸式的活动体验，实现优势活动的传播与转化，着力破解辅导员的本领恐慌和职业困惑，解决辅导员专业化成长中出现的"全面不专"问题，让辅导员在特色品牌活动中学习掌握指导学生成长、开展团队建设的关键点，快速提升工作能力。

⑤多场馆开放，场所共建共享。浓郁的校园文化氛围可以为辅导员

专业化发展提供环境保障。通过应用，实现省内各高校博物馆、艺术馆、书吧、咖啡吧、人文空间、科创空间、运动场馆、心理驿站等公共场馆以及开放区域的展示呈现，强化校际思想政治教育与校园文化建设的交流借鉴。深挖省内高校空间设施资源，以体育场馆、文化艺术中心、图书馆等通用性场所设施共建共享为探索，打破校际藩篱，加强交流学习，实现高校思想政治工作互融共促，助推高校思政工作质量提升综合改革与精品项目建设。

三、改革突破

　　浙里有约应用核心解决辅导员成长发展需求，围绕新进辅导员成长过程中的"以老带新"和辅导员"专业化、职业化、专家化"发展过程中的能力提升，将全省思政教育专家资源与辅导员成长需求资源有效匹配，实现跨学校、跨时空、跨领域的多场景应用，着力打造名师特色品牌，不断提升辅导员工作专业素质和工作水平，提高辅导员的学习思考能力、解决问题能力、理论研究能力、实践应用能力。从长远角度出发，可以针对辅导员发起众筹次数较多的活动种类进行统计分析，了解掌握基层一线辅导员职业发展困境，推动辅导员队伍高水平建设和高质量发展。

　　截至 2023 年 4 月，省级层面已聘请各类导师 50 余名，组织各类浙里有约活动近 200 场次，参与人员 10000 余人，入驻省级场馆 30 余处，有效帮助辅导员提升育人水平与能力，拓宽管理视野和格局，使广大辅导员在工作上思路更清晰、职责更明确、定位更准确、工作更有力，推动高校辅导员队伍高质量发展，努力打造担当培养时代新人使命的一流辅导员队伍。

第四节　高校思政实管理应用：督查督办应用

一、需求分析

当前，浙江省教育厅与各高校间主要使用省级行政办公自动化（Office Automation，简称 OA）系统实现文件传递、通知发送、信息处理等功能，但目前 OA 系统存在以下不足。

①时效性较差。由于文件的流转需要经过"机要人员—校领导—部门领导—部门分管领导"等各个环节的阅批，上一级领导未签批时下级不会收到信息，且系统并未设有即时提醒的功能；在上一级领导阅批后，下级也需要再次登录系统时才会查阅，往往文件的流转需要至少 1—2 天的时间。

②督办力度弱。文件下发后，省级平台仅可了解高校机要人员查看情况，对于实际落实的职能部门查看情况无法掌握。管理监督模块上不够完善，不能及时对延时完成的事项做出提示，任务逾期后只能逐一以电话形式催促高校，耗时又低效，容易造成工作延误。

③覆盖面较窄。OA 系统用户仅覆盖到高校部门领导，不包含高校辅导员，导致部分信息无法在系统内直接转发。

④反馈速度慢。OA 系统仅具备文件的下发以及流转功能，不具备信息反馈和材料上传的功能，导致材料上报必须通过其他的途径，系统自身不能形成闭环，不利于提高工作效率。

⑤个性化不足。OA 系统存在功能单一等相关问题，不能满足用户的个性化需求。同时，其他的辅助交流互动平台如浙政钉、钉钉、微信、QQ 等，只能满足信息交流、文件传递、通知公告等功能，但无法全面精准地确认消息送达、任务接收等，同时也存在信息泄露等风险。

高校思政督查督办系统是推动落实省级教育主管部门关于高校思想政治工作的任务部署、发展规划和相关活动的必要手段，是改进工作作风、提升工作效能的重要渠道。围绕省校两级思政管理效能问题，开发一套集文件通知发布、消息接收、响应确认、任务交办、结果报送、信息反馈、督查督办等功能于一体的督查督办应用，建立统筹协调、分级负责、协同配合和动态管理机制，实现消息传递全覆盖、全透明，过程管理全监督、全闭环，有效提升省校两级思政管理效能，切实提高督查督办工作的规范化和流程的科学化，是当前思政管理和智慧思政建设的迫切需要。

二、场景建设

结合实际情况，浙江省教育厅推出的"督查督办应用"（见图9-21），以厅级任务部署、响应确认、任务交办、结果报送、信息反馈、督查督办为最直接的功能，实现信息传递全覆盖、全流程，过程管理全监督、全闭环，有效提升省校两级思政管理效能，切实提高督查督办工作的规范化和流程的科学化（见图9-22）。

督查督办从内容上分通知、信息填报和内置任务等三大类，涉及省校两级思政管理的全部内容。

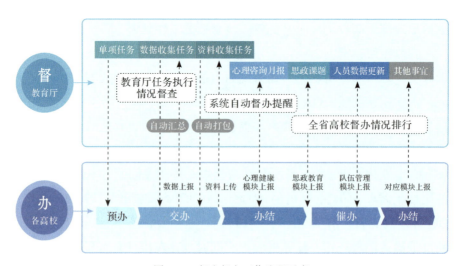

图 9-21　督查督办工作流程示意

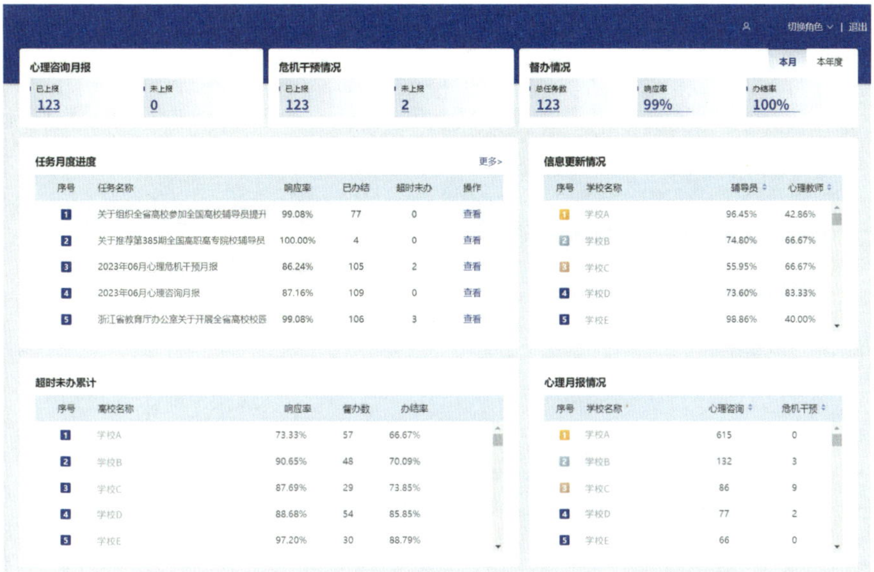

图 9-22　督查督办应用界面

（一）通知

通知是教育厅向高校发布各类通知文件的任务，属于单向任务，各高校接收并确认通知即完成任务要求。根据工作需要，设置任务开始及截止时间，填写正文并添加附件，选择任务涉及的相关高校即可（见图 9-23）。

（二）信息填报

信息填报是教育厅发布通知，要求高校反馈结果的任务，属于双向任务，各高校须按要求反馈信息后完成任务要求（见图 9-24）。

（三）内置任务

内置任务是教育厅定时要求高校报送的任务，属于定时任务，根据工作需要，每月或每半年定时自动向高校发布任务，如各高校的心理咨询月报、危机干预月报、辅导员及心理健康教师信息更新等，各高校完成信息报送后即完成任务要求（见图 9-25）。

根据该督查督办应用的功能设计，该场景应用具有以下几个特点。

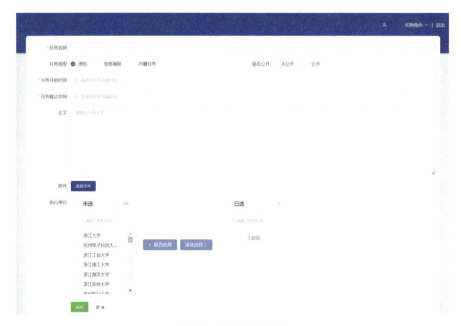

图 9-23 通知编辑界面

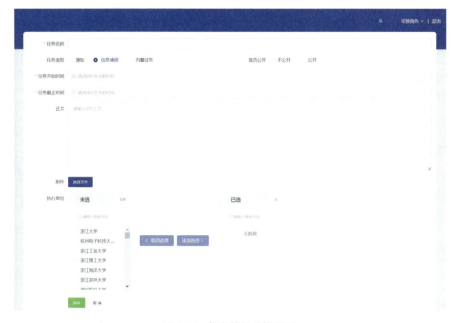

图 9-24 信息填报编辑界面

图 9-25　内置任务编辑界面

①思政管理全覆盖，督查督办零盲区。该应用加强了对全省高校思想政治工作的管理和监督，对高校思想政治工作进行全面、全方位的管理，确保各项工作有效实施和落实。借助督查督办应用，建立起高校思政工作的数字化管理系统，可以实时监测各项工作的进展情况，确保没有一条信息被遗漏，没有一项工作被忽视。

②管理形式全闭环，线上线下同推进。督查督办从形式上分为线上任务与线下两大类任务。线上任务直接与智慧思政的各业务操作办理相关，教育厅任务发布后，直接引导任务接收对象到任务操作界面进行办理，提交操作后，直接更新任务执行状态。线下任务则与智慧思政现有业务操作无关，任务接收者接收任务后，手动更新任务进程。

③过程管理全动态，督查督办全过程。在本应用中，教育厅可实时了解各项任务落实情况、未响应高校数、已响应未完成高校数、完成高校数等信息，对未响应、未完成的高校系统会自动提醒督促，还可以下载高校的各任务完成情况（见图 9-26），并自动统计反馈。

图 9-26　某任务部分高校督查情况明细

三、改革突破

督查督办应用建立了一套督查有力、落实及时、闭环控制、信息共享的信息化督查模式和运行体系，通过标准化的督办流程、全方位的动态监控，实现了督查督办事项的全覆盖管理，督办过程一目了然，督办事项落实到人，确保各项工作部署不折不扣地落到实处，从而提高事务执行的力度和工作效率。

应用通过"线上＋线下"的方式，有效突破时空限制，显著提升工作效能。"线上"将此项工作纳入全省高校思政工作体系建设，通过信息化的手段督查督办高校相关工作的开展和落实情况。"线下"引入督办考核机制、强化对督办结果的应用，有效保证督查督办效果。

截至 2023 年 4 月，浙江省教育厅通过督查督办应用发布各类任务 90 余件，高校响应率、完成率大幅提升，被督办的比例逐月下降，高校的满意度逐渐提升，推动实现数字赋能提升全省思想政治教育管理。

第十章 特色场景：
浙江智慧思政之落地

浙江省委教育工委、教育厅扎实推进高校思想政治工作数字化改革，助推学校治理体系和治理能力现代化。自2021年4月全面推进浙江省高校智慧思政大数据应用建设工作以来，截至2022年底，已有25所高校成为高校智慧思政特色应用试点单位。各高校坚持需求导向、问题导向、效果导向，重点做好思政数据底座构建，实现数据集成融通和可视化呈现，建设业务价值高、可复制、可推广的"小切口、大场景"特色应用场景，推进思想政治教育工作的整体智治，真正做到"数据能看、事件能督、应急能用"，助力大学生全面成长。

近年来，浙江省高校在思政领域的数字化应用数量呈逐年快速上升趋势，2021年新投入思政应用128个。2022年1—3月，高校新投入思政相关应用达到50个。可以充分看到，依托浙江数字化建设的深厚底蕴，浙江省高校数字化建设的意识越来越强，投入越来越大，发展越来越快。

截至2023年4月，浙江省高校思政数字化应用已达700余个，一批特色应用有针对性地解决了高校的一些痛点、难点，在实际工作中发挥了很好的作用，应用超市为各高校提供示范，也可以作为共享平台。

例如，解决课堂考勤效率低下、反馈滞后等问题的杭州电子科技大学"上课啦·学业在线"；对在校大学生开展精准指导和帮扶，促进毕业生更加充分更高质量就业和更好创业的中国计量大学"启航啦·生涯在线"；从根本上解决广大学生在体育运动中运动类型单一、运动考核形式简单、运动无法数据化等"运动难、难运动"问题的浙江财经大学"运动啦·活力在线";以弘扬劳动精神为主旨,提升学生劳动素养为核心,为高校提供"一站式"劳动教育解决方案的浙江旅游职业学院"实践啦·劳动在线";针对高校双创活动开展过程中的项目管理、数据统计、结果检验等重要环节缺乏高效、专业的管理,以及高校双创活动内容单一化、信息不共享等问题,实现项目、赛事、园区、活动、课程等工作有序管理的宁波大学"竞赛啦·学科在线";从学生的学习、社交、服务等角度出发,整合集成学生社区辅导员下寝等十余项业务应用,打造现代化、数字化、信息化、智慧化、协同化生态圈的浙江工业大学"就寝啦·智慧社区";以学生心理育人应用为切入点,打造贯穿从入学到毕业全周期,涵盖宣传教育、心理普查、心理咨询、危机预警、干预管理全过程,融通学生心理健康教育全领域的温州医科大学"智慧心理育人";集成学生在校期间全成长周期的成长数据,实现学生成长状态的量化评估的浙江农林大学"浙里成长";解决辅导员较短时间内熟悉每位学生难题的浙江理工大学"浙里辅导员"等。这些高校思政数字化应用不仅借助数字赋能,创新性地提出了推进高校思想政治教育工作的新型应用性框架,拓展了思想政治工作的实践方式,为高校思想政治工作的精准化和智慧化提供了参考借鉴,为深入推进思想政治教育工作提供了有力的技术支撑。

第一节 "上课啦·学业在线"

杭州电子科技大学牵头建设的"上课啦·学业在线",针对课堂考勤效率低下、考勤数据统计烦琐、考勤信息反馈滞后等问题,以高频使用场景为切入点,以大数据平台为支撑,基于"协同创新""过程管理""大数据分析"等理念,构建了"密令签到—AI催课—学业预警—全员帮扶—精准评估"全过程闭环链路。"上课啦·学业在线"教、学、辅、督"四位一体"学业生态系统于 2019 年底上线,在杭州电子科技大学已有 98% 的课程考勤采用该系统，每天产生 1.9 万条考勤数据，每年沉淀近 200 万条学勤数据。采用该系统后，全校退学警示学生数下降了 76%。"上课啦·学业在线"构建的集学生自我管理、教师课堂管理、辅导员思想引导和制度约束于一体的"促学体系"，实现了以学生、教师、教务、学工为核心的课堂学风管理闭环，使得学生工作、学风管理不再是"单兵育人"，而是"联合育人"。2021 年，"上课啦·学业在线"荣获浙江省教学成果二等奖。"上课啦·学业在线"已在全国 30 余所高校推广应用，并成为浙江省重点打造的九大特色应用场景之一，杭州电子科技大学也成功入选浙江省第一批高校智慧思政特色应用试点单位。

一、需求分析

课堂教学是教育教学工作的关键环节，学生课堂出勤率不仅是反映课堂教学效果的重要指标，而且直接反映了一所高校的学风，因此提高学生课堂出勤率成为高校学风建设的重点之一。近年来，针对课堂考勤效率低下、考勤数据统计烦琐、考勤信息反馈滞后等问题，杭州电子科技大学以"上课啦·学业在线"等小应用高频使用场景为切入点，准确获取考勤数据，对考勤数据不佳的学生快速反应并谈心谈话，同时跟进数字反馈机制，最终实现闭环式管理，致力通过"上课啦·学业在线"小程序解决学风建设的大问题。

传统课堂点名多以手工或者半手工的方式记录学生的到课情况，存在考勤数据统计效率低、考勤统计不透明、学生请假流程烦琐以及出勤误记等问题。同时，海量的考勤数据因无法及时流通，难以为学校管理部门提供有效信息，无法实现针对学生的精准帮扶。学生课堂出勤率低的原因很多，其中缺乏针对旷课的限制机制最为主要，如何督促学生按时到课堂听课、利用考勤数据为学校管理部门提供决策参考，以及实现精准帮扶，成为高校学风建设中亟待解决的问题。

二、场景建设

（一）总体目标

"上课啦·学业在线"主要为解决教师、学生、辅导员和学校对课堂考勤这一功能的不同需求而设计，教师需要使用这个小程序快速精准地完成课堂考勤；学生进入程序后，可以根据教师提供的随机数进行考勤签到，也可以查看自己的课表、历史考勤明细，进行在线请假等；辅导员通过学生到课情况了解学生学习、生活等方面的总体状况；学校管理部门通过了解全校学生的到课情况制定学风建设和管理的措施。通过"上课啦·学业在线"可以实现提高课堂考勤的效率、提高课堂考勤的准确性、促进学生到课率提升、为学勤分析和学业预警提供基础数据等功能，从而实现提高学校学风建设效果等目的。

（二）总体架构设计

根据总体目标和系统需求，对"上课啦·学业在线"进行总体架构设计，见图 10-1。

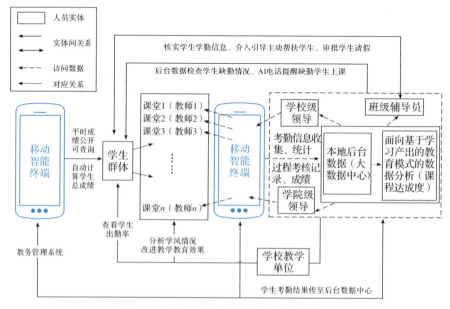

图 10-1　"上课啦·学业在线"总体架构

（三）数据库建设

"上课啦·学业在线"教、学、辅、督"四位一体"学业生态系统数据库采用 MySQL 8.0 以上版本，标准核心字段见表 10-1。

表 10-1 "上课啦·学业在线"标准核心字段

核心模块	核心指标数据	统计维度
智慧考勤（面向教师）	校总体学生到课率	排名前十位和最后十位，按日、周、月、半年统计
	校教师使用率	排名前十位和最后十位，按日、周、月、半年统计
	课堂平均点名时长	平均数
	发起点名次数	总数，实时数据，当天、半年总数
AI 催课（面向学生）	催课次数	总数，当天、半年总数
精准预警（面向辅导员）	推送总数	总数，当天、半年总数
	校总体处理率	排名前十位和最后十位，实时数据，按周、月、半年统计
帮扶效果	校辅导员谈心谈话率	排名前十位和最后十位，实时数据，按周、月、半年统计
	辅导员谈心谈话次数	总数，当天、半年总数
	校总体学生到课率	排名前十位，到课率提升最多，按照半年环比统计
课程质量监控	课程督导校听课次数	排名前十位和最后十位，按半年（仅上学期）统计
	课程督导课程平均分	排名前十位和最后十位，按半年（仅上学期）统计
	学评教	排名前十位和最后十位，按半年（仅上学期）统计

（四）核心应用

"上课啦·学业在线"以"数字赋能""三全育人""精准评估"为总体设计思路，基于"协同创新""过程管理""大数据分析"等理念，构建了"密令签到—AI 催课—学业预警—全员帮扶—精准评估"全过程、全链路、数字化教风学风管理平台（见图 10-2、图 10-3）。

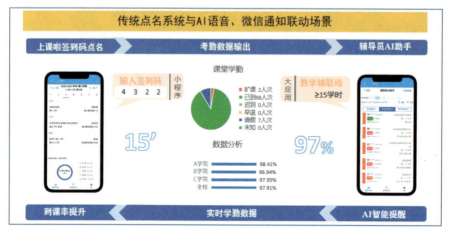

图 10-2　"密令签到—AI 催课—学业预警—全员帮扶—精准评估"闭环链路

图 10-3　"上课啦·学业在线"首页

1. 密令签到

"上课啦·学业在线"采用系统密令签到代替传统的签到模式。上课时，任课教师现场生成一个 4 位数的随机密令，上课学生须在有效时间内（通常是 30 秒之内）在手机端输入这个随机密令进行签到，签到结束后系统可实时生成学生考勤、课堂学勤数据（见图 10-4）。

图 10-4　"上课啦·学业在线"密令签到界面及旷课提醒

2. AI 催课

对于未到课的学生，"上课啦·学业在线"会自动连接智能语音系统微信通知模块，告知旷课的纪律细则，提醒学生到课或通过系统提交请假申请（见图 10-5）。

3. 学业预警

"上课啦·学业在线"平台自动抓取学生每一门课的考勤管理数据，对于累计旷课达到 10 学时的学生，系统会自动给该名学生的辅导员发送学业预警，提醒其辅导员及早关注并进行谈心谈话，结合谈心谈话深入分析该名学生旷课的具体原因。

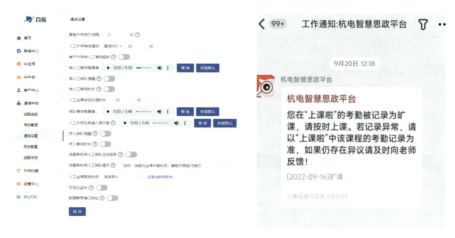

图 10-5 "上课啦·学业在线"AI 催课

4. 全员帮扶

对于因学业困难而旷课的学生，系统可通过大数据分析自动生成学生的个性化"学情分析表"，该数据表能精准识别每位学生存在的学业困难及其原因，根据学生具体学情，给予科学、个性化的专业指导，并依托高校丰富师资力量、朋辈互助等以授课、答疑、指导、帮扶的形式提升个体学习成效。通过"上课啦·学业在线"的各种帮扶活动记录，管理部门可以对帮扶过程进行跟踪。

5. 精准评估

"上课啦·学业在线"还开发了课程督导等功能，通过系统中督导课堂听课反馈意见、辅导员谈心谈话记录、教风学风指数等，可以对专业教师上课、辅导员谈心谈话、结对帮扶效果进行精准评估。

三、改革突破

（一）课堂考勤效率提升、育人成效更显著

原先 100 人的课堂考勤至少需要 8 分钟，使用"上课啦·学业在线"系统后最短仅需 15 秒就能完成，大大提高了教师课堂考勤的效率。学生到课率也得到了显著提高，每天平均到课率比三年前提高约 10%。学校学风建设成效也得到了显著提升，2021 届本科生升学率比 2018 届

本科生升学率提高了 13.5%，全校退学警示学生数下降了 76%。

"上课啦·学业在线"在推动学风建设的同时，也改变着学生工作的模式，实现了以下五大功能。

一是数据无缝对接。系统汇总了与教学相关的各类人员信息（教师信息、学生信息、辅导员信息）、课程信息（开课课程信息、任课教师信息、上课时间表和地点），以及教学计划表，实现了教师课表及花名册与教务系统同步，方便教师和学生随时查看。

二是考勤实现智能化。在网页端和移动端均可实现课堂考勤和平时成绩一键记录，实现无纸化考勤，解决了手工考勤的烦琐和数据失真问题，大大提高了课堂管理的效率和质量。同时，"上课啦·学业在线"将点名系统与 AI 语音、微信通知联动，以电话和微信等方式提醒旷课学生到课，询问并记录旷课原因。

三是数字流通共享。考勤数据同步共享，针对教师、辅导员、学院和学校教务进行分类管理，实现协同管理，为高效的学风和教风建设提供数据基础。

四是大数据分析精准预警。通过对学勤信息进行大数据分析，系统自动识别"考勤信用"低的学生，生成异常学勤风险预警名单，并提醒教师关注。

五是数字化推动学业过程管理。教学质量不能只靠课堂内，还得有课外抓手。如系统在数字教学模块嵌入"我爱记单词"App，推动学生课外自主学习。学生的每次单词背诵、测试的时长、正确率等信息都会保留，这些数据与系统中学生请假、旷课、竞赛、考试等数据进行关联共享，有助于构建精准的学情画像，便于对学业困难的学生提前进行指导和帮扶。

（二）助推协同育人的"大合力"，构建立体促学体系

"上课啦·学业在线"采用"互联网＋思政"新模式，倒逼传统学生工作转型，构建了集学生自我管理、教师课堂管理、辅导员思想引导和制度约束于一体的"促学体系"，实现了以学生、教师、教务、

学工为核心的课堂学风管理闭环，使得学生工作、学风管理不再是"单兵育人"，而是"联合育人"。教师可以通过到课率数据洞悉学生的学习状态，反思自身的教学方式和教学难度并进行调整和改善。辅导员则可以通过应用后台通话记录和数据分析了解学生旷课的原因，是因为学业适应、情绪焦虑，还是有什么不可克服的客观原因比如生病、家庭变故等，这有助于辅导员深入学生学业环节，及时介入引导，主动帮扶。学工部门不仅可以实时得到学生的动态信息，还可以建立辅导员与学院的谈心谈话率、谈心谈话率效果漏斗模型（见图10-6），通过数据对照分析，形成工作绩效评价体系、工作参照体系，为学校评价学院、学院评价辅导员提供依据，使学院学生工作量化考核形成闭环。

图 10-6　辅导员 / 学院学业帮扶谈心谈话评价

（三）用活大数据，推进智慧思政转型升级

"课堂教学"是高校教学的核心环节，"培养学生"则是终极目标。学校把"上课啦·学业在线"得到的大数据活用，进一步开发过程考核管理、学风建设等模块，结合学生学习记录、一卡通使用情况、上网行为等信息，绘制出学生"行为轨迹"，将大数据运用于学生教育管理和服务，构建起一套集数据采集、数据处理、数据分析与应用服务于一体的"四精型"（精准教育、精细管理、精准服务、精准评价）网络育人模式,建立了"精准学业帮扶""精准心理健康教育""精准困难资助""精准就业指导"等系统,以"大数据"驱动个性化、精准化育人。

第二节　"启航啦·生涯在线"

中国计量大学牵头建设的"启航啦·生涯在线"在高校毕业生就业形势严峻的大背景下,以提升大学生职业生涯规划能力和就业竞争力为核心,以信息技术手段为支撑,在就业创业、社会实践、生涯规划等方面,对在校大学生开展精准指导和帮扶,引导在校大学生尽早认识自我、发展自我、完善自我,明确职业目标,提高职业素养,开拓创新思维,促进毕业生更加充分更高质量就业和更好创业。2021年12月,大学生生涯发展一体化系统已完成前期的调研立项以及初步的系统开发,2022年2月正式开始系统场景应用部署,已经完成系统网页端、移动端两端的全部建设,"启航啦·生涯在线"激活、使用学生人数已突破1万人。教师可以通过利用资源共享平台上丰富的备课资源提高教学水平和授课质量,并根据学生的个性化需求开展各类生涯指导。通过抓取整合学生参与生涯活动的点滴,汇集形成专属的生涯成长轨迹,为学生成长成才提供轨迹,为家长关注内容提供记录,为教师个性指导提供信息,为单位招聘引才提供参考。

一、需求分析

当前高校毕业生总量、增量均创历史新高,毕业生就业形势复杂严峻。为搭建高校就业育人的网络教育载体,把大学生就业指导与职业生涯规划贯穿人才培养整个过程,提升大学生职业生涯规划能力和就业竞争力,高校就业管理服务部门急需系统化、全程化、个性化的大学生生涯发展一体化系统辅助其开展工作。职业生涯规划与就业指导作为高校思政教育的重要组成部分,为思政教育提供更多的实践空间,同时思政教育为职业生涯规划与就业指导提供理论支撑。

大学生通过大学生生涯一体化平台进行课程学习、定制个性化生涯档案、职场活动体验、职业测评、简历制作，引导学生树立正确的职业观，激发高校学生职业生涯发展的自主意识，进而促使大学生理性地规划自身未来的发展计划，自觉加强其职业生涯管理能力，有力提高自身就业竞争力，以就业质量、就业满意度为参考，促进高校毕业生更高质量、更充分地就业。

二、场景建设

（一）总体目标

①构建学生生涯大数据统计中心。可通过学校智慧就业平台、官方微信公众号、校园招聘活动扫码签到、校内问卷调研等渠道汇集学生生涯需求和就业创业数据，实时对接学校数据中心，抓取相关的有效数据，构建生涯大数据统计中心，为数据分析和生涯教学提供基础。

②实现学生个性需求精准推送。在前期数据汇集的基础上，系统根据学生的个性化需求数据进行分类汇总，挖掘就业系统后台的各类招聘信息，通过关键字组合配置、模糊匹配算法，实现招聘（实习）信息的自动化精准推送，为学生提供量身定制的招聘（实习）资讯。

③深度应用就业创业课程资源。整合就业指导课程内容和创业政策信息，利用生涯一体化系统平台进行管理和维护，借助平台上公开课和素材资料库等资源完善生涯教学体系，同时支持生涯教学课程录制共享，为小班化课程改革提供平台支撑。

④追踪学生生涯教育成长轨迹。对学校重视、家长关心、学生关注的生涯教育过程进行全程效果追踪，完善就业创业指导服务反馈机制，实现师生信息交互，输出生涯成长轨迹档案，强化就业育人工作实效。

（二）系统介绍

"启航啦·生涯在线"大学生生涯发展一体化系统由职业发展教育平台、智慧就业平台、精准对接平台、实习实践平台、创新创业平台、生涯驾驶舱六大平台组成（见图10-7）。职业发展教育平台含多场景签到、学生生涯成长轨迹追踪、个性化电子生涯档案、在线就业课堂、简历辅导等功能，为学生生涯发展提供精准化指导；智慧就业平台包括招聘会信息发布、就业手续办理，就业政策咨询等功能模块，为学生提供就业资讯与指导；精准对接平台包括就业意向登记、精准就业推荐、岗位检索、一对一生涯辅导等功能，着力解决毕业生求职难、就业难的问题；实习实践平台包括实习简历投递、实习质量监控（填写实习日志）、实习考核评估（提交实习证明，实习总结）等功能，实现实习过程全记录，实习效果有保证；创新创业平台包括双创项目墙、最新创业政策一览、在校生创业项目报备、在校生基金申请、在校生场地申请等功能，打通学生创业的"最后一公里"；通过生涯驾驶舱，使用者可以全面了解一体化平台各功能模块的详细信息，全面分析各模块数据，有效利用统计数据（见图10-8）。

（三）核心应用

1. 精准推送功能

基于毕业生的就业意向信息、企业检索学生的信息及学校/院系推送的信息，实现就业信息的精准匹配和精准推送，让点对点的就业推送、一对一的就业服务成为可能。根据毕业生的意向工作行业、工作地点、工作职能、工作性质、薪资范围，以及学生的基本信息，系统结合单位需求以及岗位库之间的匹配，实现自动推送功能（见图10-9）。

2. 个性化生涯档案

个性化生涯档案制作室以中国计量大学大学生职业生涯规划记录手册为基础，可提供学生四年生涯成长所需的各方面知识和技能，助力学生生涯成长。在学生填写完成后，指导教师对学生的完成情况进行评价和打分，指导学生更加充实地度过对应的生涯发展阶段（见图10-10）。

3. 特定就业群体帮扶

特定就业群体帮扶平台主要针对教师群体开放，通过收集建档立卡生与就业困难学生的生源信息、困难信息、就业意向、帮扶措施、对口帮扶人和帮扶记录等信息，建立"一生一策"管理台账，确保每位困难

图 10-7　"启航啦·生涯在线"大学生生涯发展一体化平台主界面

图 10-8　"启航啦·生涯在线"大学生生涯发展一体化平台应用场景介绍

生有专属的帮扶人进行对接和联系，帮扶措施与记录支持逐条登记备案，便于校方统一管理，实现特定就业群体的高效、精准帮扶。

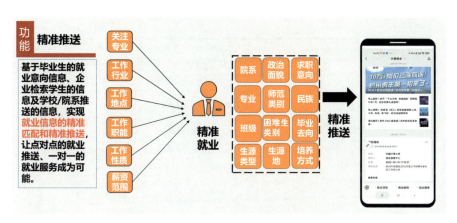

图 10-9　"启航啦·生涯在线"精准推送功能

图 10-10　"启航啦·生涯在线"个性化生涯档案功能

4.简历优化实验室

简历优化实验室基于近年积累的简历与岗位数据，应用知识图谱、自然语义处理、质量评价模型等 AI 技术，可提供集简历制作、简历诊断、简历优化于一体的智能化简历实训平台。学生可以在简历优化实验室制作简历，系统会自动对简历完整度进行评估反馈，同时提供简历模板、填写建议等学生切实需要的帮助。简历优化实验室还提供了简历诊断服务，针对简历完成情况、简历填写情况进行诊断和评分，提供诊断优化建议，帮助学生优化个人简历。教师可以后台选择优秀简历，并支持简历展示、一键导出，供校内教师和学生学习和借鉴（见图10-11）。

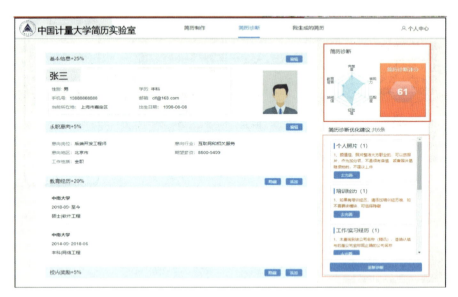

图 10-11　简历实验室简历智能诊断及优化

5.生涯成长轨迹

生涯成长轨迹将会从学校的学工系统提取学生基本情况的信息，从简历实验室提取简历制作完成情况，从学校就业网站提取个性化生涯档案完成情况、活动参与情况以及生涯咨询活动情况，从生涯测评系统提取测评记录，以更直观地了解学生的生涯成长轨迹。

三、改革突破

（一）精准推送，定制个性化就业方案

精准推送平台基于毕业生的就业意向、企业的招聘需求，实现就业信息的精准匹配和精准推送，让点对点的就业信息推送、一对一的就业服务成为可能，提高了就业信息供需匹配的效率和精准度。平台将毕业生求职意向（包括行业类别、工作地点、薪资范围等）与单位招聘信息

进行自动匹配后，实现个性化推送；将学生专业、学历、生源地、求职目标、简历标签等用户特征信息与岗位信息相匹配，实现精准推送定制化就业信息。通过"中国计量大学智慧就业平台"官网就业信息网站、"中国计量大学就业指导中心"微信公众号平台实现就业信息推送全覆盖，助力毕业生更高质量和更充分就业（见图10-12）。

图 10-12　"中国计量大学就业指导中心"微信公众号平台推送详情（部分）

（二）信息助力，打破多方信息壁垒

生涯成长轨迹追踪平台可以为咨询教师提供学生大学期间参与就业创业活动情况、历史生涯咨询记录、学生个性化生涯档案（包括基本信息、学业表现、职业测评结果、生涯目标等）。通过查阅生涯成长轨迹，咨询教师可以更全面地掌握学生在校期间的生涯发展情况，找出学生生涯中的迷茫点，帮助学生明确生涯发展方向与行动路径。

多平台数据共享和集合一直是高校实施数字化信息建设中的重要环节。生涯成长轨迹追踪平台，定时抓取并集成学生工作系统、生涯测评系统、就业管理系统等业务工作系统中的有效信息（包括学生基本情况、个人简历、职业测评记录等），通过大数据挖掘和 AI 智能分析，形成并呈现全方位的学生个性化生涯画像。此外，学生导出简历时，生涯成长轨迹追踪平台可以生成专属的生涯档案二维码。用人单位通过扫一扫可以查阅学生在校期间的表现和教师评价，帮助其更加简便、更加全面地了解学生在校期间的经历，提高简历筛选及面试选拔工作的效率（见图 10-13）。

图 10-13　生涯档案

（三）数字赋能，驱动生涯整体智治

大学生生涯发展一体化系统还提供了实习实践精准对接平台、创业精准对接平台以及特定就业群体帮扶平台，将学生生涯发展中必不可少的实习、就业、创业等内容涵盖其中，以基础资源积累、数据集成交汇、成长轨迹获取为主线，全力打造大学生生涯发展的全员、全程、全方位的"三全育人"（见图 10-14）。

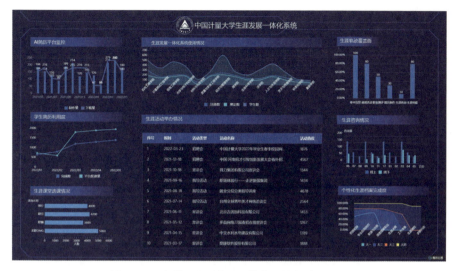

图 10-14 大学生生涯发展一体化系统驾驶舱界面

第三节 "运动啦·活力在线"

2019 年，国务院办公厅印发的《关于促进全民健身和体育消费推动体育产业高质量发展的意见》明确指出，"推动智能制造、大数据、人工智能等新兴技术在体育制造领域应用。鼓励体育企业与高校、科研院所联合创建体育用品研发制造中心"。2020 年，中共中央办公厅、国务院办公厅印发的《关于全面加强和改进新时代学校体育工作的意见》强调，"学校体育是实现立德树人根本任务、提升学生综合素质的基础性工程"。浙江财经大学牵头开发的"运动啦·活力在线"正是在这样的政策背景下应运而生的。"运动啦·活力在线"针对当下高校大学生身体素质不佳，运动意识较弱、体质有所下降、锻炼时间不足、沉溺于虚拟世界而缺乏体育锻炼等一系列不容小觑的问题，通过"场馆预约、朋友圈发布、运动之星排行"等模块构建全员全方位的"智慧思政＋体育育人"大学生体育素养发展体系，打造全校师生随时随地可接入的智慧运动平台。"运动啦·活力在线"的"运动资源合理配置、运动数据集成可视、运动伙伴邀约互动、运动风尚正向激励"功能高度匹配大数据时代师生广泛接受的行为方式和互动模式，符合大学生最易接触、最乐于运作的智慧教育教学手段。同时改变检查督促、负向评价、被动约束的学生教育管理传统模式，汇聚散落的师生体育组织和人员，并将"以体会师""以体会友""以体育人"的核心理念融入"智慧思政"这一新时代思想政治教育的新范式，更为如何建设高校"大思政"教育格局提供了宝贵经验。浙江财经大学"运动啦·活力在线"立项成为 2022 年浙江省教育领域数字化改革创新试点，浙江财经大学成功入选浙江省第二批高校智慧思政特色应用试点单位。

一、需求分析

"运动啦·活力在线"特色应用以"大家一起来运动"为主设计理念，聚焦体育运动这一校园数据底座中的重要组成部分，作为数字化改革创新的小切口，建立多跨应用场景。整个应用以运动场馆预约、师生互约运动、朋辈运动互助为主要核心功能，辅之以各类运动之星的正向榜样引导和积分兑换正向激励。从学生最现实的利益出发，在整合数量庞大、分布广泛的学生运动数据的基础上，充分利用学校优越的体育运动场馆硬件设施和浓厚的运动氛围，构建具有财经特色的、极具可推广性的特色应用场景。

当下高校大学生的身体素质问题仍不容小觑，身体素质不佳、运动意识差、体质下降、锻炼时间不足已成为"老大难"问题。随着互联网时代的发展，加之大学生主观上对体育运动认识不准确，大学生更易沉溺于虚拟世界而缺乏体育锻炼。浙江财经大学的调研显示，大学生不喜欢参与体育运动的最大原因是缺少运动伙伴且不愿一个人运动（44.0%）；大一到大四基本不运动的学生占比分别为 9.3%、13.7%、19.4%、20.6%，呈现逐步上升的态势。学校虽有优质的运动资源，但因数量有限、供需数据的不对称、场地使用规则的缺失等原因，"想运动却不知去哪里运动"的问题一直存在。与此同时，大学生认为便利、合理的运动场地使用方式（70.8%）、师生之间的互动和交流（56.0%）、外界的督促和激励（48.3%）等，都是能够提高他们运动积极性的重要因素。

二、场景建设

（一）总体目标

"运动啦·活力在线"主要是围绕不同特点、不同运动特长的师生对校园课余体育运动的各类需求而设计，并提高运动场馆这一稀缺资源的有效利用率。纳入"运动啦·活力在线"应用管理范畴的场馆会根据学校的统筹安排，将场馆的空闲时间向师生开放预约，全校师生必须通过预约方可使用，避免以往无序抢占场馆的情况发生；辅导员等教师可以在"运动啦·活力在线"中向学生提供可被邀约的时间点，学生可以根据个人意愿，选择相应教师和可被预约时间，实现师生之间互约，增加课余时间师生的接触，增加开展课堂外思政工作的频次；学生可以在应用中发布"朋友圈"消息，发起运动邀请，全校师生可自由组合运动；对于部分先期上线的运动项目，评选运动之星，营造良好的校园运动风尚。"运动啦·活力在线"的上线希望能实现的目标包括：构建一个学生体育运动数据仓；通过预约提升运动场馆稀缺资源的利用率；倡导一种师生之间、学生之间相约运动的风尚；形成一种全员协同育人的合力；等等。

（二）总体架构设计

根据总体目标和系统需求，对"运动啦·活力在线"进行总体架构设计，如图10-15所示。

（三）数据库建设

"运动啦·活力在线"从场馆预约、朋友圈发布、师生运动互约、运动之星排行、积分兑换等核心业务出发，提炼核心指标数据，并构建相关的统计字段（见表10-2）。

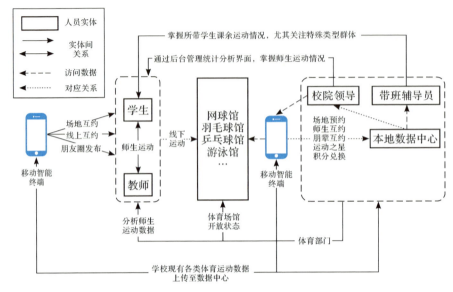

图 10-15 "运动啦·活力在线"架构设计

表 10-2 "运动啦·活力在线"标准核心字段

核心模块	核心指标数据	统计维度
运动场馆预约	学生使用场馆预约频率	按照四大场馆分别测算，预约频率最高的十人，分别以半年、月、周为单位
	教师使用场馆预约频率	
	场馆使用人数	按照四大场馆分别测算，分别以半年、月、周为单位
运动朋友圈发布	学生发布朋友圈成功频率	按照四大场馆分别测算，发布频率最高的十人，分别以半年、月、周为单位
	某项运动被发布朋友圈的数量	四大场馆被发布朋友圈量由高到低，分别以半年、月、周为单位
师生运动互约	学生使用师生互约	按照四大场馆分别测算，使用频率最高的十人，分别以半年、月、周为单位
	教师使用师生互约	按照四大场馆分别测算，使用频率最高的十人，分别以半年、月、周为单位
	教师开放互约时间量	开放时间最多的十人，分别以半年、月、周为单位

续　表

核心模块	核心指标数据	统计维度
师生运动互约	最受学生青睐教师	按照四大场馆分别测算，每个场馆被邀约最多的教师，分别以半年、月、周为单位
运动之星排行	每项运动积分最高	根据五项运动积分，以校、院两级为单元，以总计分数排序
积分兑换	积分兑换次数	最受学生喜爱的商品前十，以半年、月、周为单位

（四）核心应用

"运动啦·活力在线"特色应用围绕"三全育人"教育理念和大数据赋能思政，推进数字技术与思政育人、体育育人的广泛深度融合。以构建"一网统管、一键预约"运动场馆预约平台、搭建"寻找运动伙伴"便捷平台、"丰富学生运动数字画像"为主要设计思路，形成"场馆预约、师生互约、朋友圈邀约、运动之星"等模块的多功能全员"智慧思政＋体育育人"的智慧运动平台（见图10-16）。

图10-16　"运动啦·活力在线"核心功能

1. 场馆诚信预约

先期将游泳馆、乒乓球室、网球馆、羽毛球馆、校园跑道作为"运动啦·活力在线"运行的试点场馆。师生可根据管理员设置的场馆空余时间段进行申请，预约未来 7 日内的运动场地，最多可预约连续 2 小时的场馆运动（见图 10-17）。师生预约成功后，通过线下刷脸设备进入场地运动，同时配以诚信积分机制，出现已预约却未履约或未运动的情况时，系统将扣除相应诚信积分。

图 10-17　场馆预约

2. 校园运动互约

校园运动互约包含师生互约和朋辈互助两个部分。教师提前在"运动啦·活力在线"对个人可被预约时间段进行设置和维护。学生通过系统发起预约，系统根据时间段，自动匹配老师时间段，学生即可根据教师所提供的空闲时间段邀请教师参与运动。朋辈互助中，学生通过"运动啦·活力在线"向指定学生发出运动邀请，被邀请人在收到消息提醒后决定是否接受邀请。双方可在预约成功后，运动前一个小时提出取消。

3.运动朋友圈

学生在没有想要明确邀请的运动伙伴时，可以通过应用上的运动朋友圈发布运动邀请信息（见图10-18），所有师生均可发布申请参与邀约。预约人同意申请之前，申请人可以取消申请，且系统还设置同一时间段只能申请参加一个邀约。

图 10-18　运动朋友圈

4.运动之星排行

根据不同的运动类型，如图 10-19 所示，设置了运动之星（第一批设置游泳、跑步、网球、乒乓球四项运动之星），根据系统设定的规则，自动生成学生排行榜积分。排行榜积分分数根据场馆预约次数、时长、与老师预约次数、课余体育锻炼等因素进行设置。

图 10-19 运动之星排行

5. 数字驾驶舱

管理部门通过数字驾驶舱整体掌握学校运动场馆预约和空闲情况，展示全校师生的运动数据，同时进行多维度的数据分析，包括场馆预约情况、男女生运动情况、人均运动频率、运动维度分析、师生预约运动情况以及体质测试达标等（见图 10-20）。

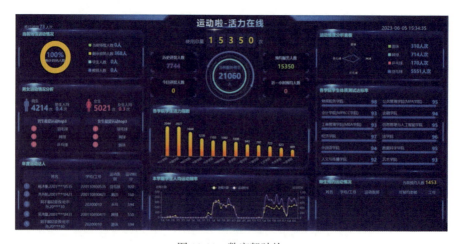

图 10-20 数字驾驶舱

三、改革突破

（一）彰显育人价值：推动数据由外部引入转向内在生长

科学化流转运动数据。"运动啦·活力在线"作为子模块，集成于学校数智校园平台前端"浙财彩微"。以学工部、体育部、信息办业务协同为抓手，推进数字技术与思政育人、体育育人的广泛深度融合。实现运动数据状态由静默到活跃、数据存储由分散到集中、数据分析由单一到多元，数据应用领域由少数到普遍。特别是改变运动数据孤立的状态，使数据在各教育阶段、各治理场景中畅通循环，打破孤立、碎片化的局面。

发挥数据"内生"功效。收集包括师生基本信息数据、场馆容量数据、预约时间数据、体质测试数据和学生游泳、"自由跑"等已有的静态数据与"运动啦·活力在线"动态数据进行对接，引入以往分散、单一且游离于思政工作体系之外的体育运动数据，并逐步在学校育人成才的"大熔炉"中内化生长。这为辅导员、班主任的育人工作提供了新的参考坐标系，同时也为心理健康教育、校园安全稳定、教育教学评价体系等模块提供了更为科学、有效的校园内生数据统计与分析，促进学校人才培养水平的提升。

完善全域数据库。通过校园数据中心将核心数据指标与分散的运动数据"孤岛"进行关联，支撑学校大数据底座。丰富学生个人数字画像，为精准掌握学生的成长过程提供有效参照。构建运动数据驾驶舱，实现各类师生运动数据资源的集成汇聚，促进不同阶段、不同层级之间体育运动数据的共享共通共用，驱动业务创新、服务创新和管理创新，丰富学校"一表单"内容，增加关于师生数据的采集类型，为学校各项决策提供有力支撑。

（二）浸润育人情境：推动智能应用从技术本位到人之本位

养成一个场地预约的习惯。"运动啦·活力在线"的预约机制给合理、科学使用校内运动场地提供了思路。培养师生在满足自身运动需求的同时，结合"运动啦·活力在线"提供的预约功能，接受有限资源分配和先预约后运动的校园生活准则，培养契约精神，减少场地资源"哄抢"情况的发生，为营造文明、和谐、健康校园氛围提供方案。

倡导一种相约运动的风尚。"运动啦·活力在线"作为智慧化思政应用，为思想政治教育主客体创造了良好的应用场景，通过信息化技术手段实现智慧思政的人本化转变。"运动啦·活力在线"的突出特色就是将体育运动作为师生之间、朋辈之间互动交流的一种有益探索。以大数据、信息化平台为纽带，将线上互约与线下运动有效衔接，增加师生之间、朋辈之间在现实生活中、在运动中接触和交流的频次，助力"大思政"格局向纵深推进。

（三）增强育人效果：推动智慧思政效果从注重流程到重视质量

形成一套有效的管理制度。结合"运动啦·活力在线"的实施过程，围绕管理权限、诚信积分管理规则、师生运动任务分配等内容出台相应的管理制度和运行规则，有效保障应用的运行过程。结合应用的运行情况，适时对现有的学生综合评价、教师育人实践等工作内容进行补充。

激发一种协同育人的合力。以"运动啦·活力在线"为载体，体育部、学工部以及各学院将育人资源集中投放在一个"小切口"，辐射多个"大场景"。运用整体思维、系统方法，加强体育场馆设施（硬件）和辅导员、班主任以及专任教师（软件）两方面育人数据的融通融合和育人特点的协同发力，发挥出"组合拳"的力量。思政教师队伍可以通过掌握更为庞大的大数据资源，利用体育数据丰富开展教育工作的手段，掌握和分析例如学生运动偏好、运动频率、学院间运动差异、特殊类型学生运动情况等信息，更加精准地发挥育人功效，将各方面的育人力量整合起来，更加有利于实现全员、全过程育人的目标。

第四节　"实践啦·劳动在线"

　　浙江旅游职业学院牵头建设的"实践啦·劳动在线"是一款为高校提供"一站式"劳动教育解决方案的特色应用程序。以弘扬劳动精神为主旨，以提升学生劳动素养为核心，按照劳动教育"目标可导入""项目可发布""过程可追溯""效果可评价""学生可成长""流程可改进"的底层逻辑开发，旨在拓展第二、第三课堂育人途径，提供实效性强且可复制推广的劳育特色应用场景。针对劳动教育丰富性、多样性、协同性和劳动素养提升可视化、智能化的新时代要求，"实践啦·劳动在线"目前构建了"劳育学习—劳动实践—劳动反思—精准劳育—劳动成长"的全员、全过程、全方位劳动育人模式。"实践啦·劳动在线"于2022年5月正式上线，现已成为浙江旅游职业学院劳动教育的智慧脑。通过该程序，已发布了寒、暑假劳务"十个一"系列活动、美丽校园创建、五月劳动文化月系列活动、劳模精神、劳动精神、工匠精神进校园专题讲座等劳动教育活动数百场，学生参与劳动任务2.5万余人次，累计劳动时长23174.4小时，学生对该程序的评价高，崇尚劳动在校园蔚然成风。"实践啦·劳动在线"入选2022浙江省高校数字化改革成果巡展，浙江旅游职业学院入选浙江省高校智慧思政第一批试点单位。

一、需求分析

　　数字化改革不断融入渗透劳动教育，成为新时代高校劳育变革的重要驱动力量。如何让数字赋能劳动教育，创新深度融合场景，解决传统劳动教育普遍存在的劳动教育理论教学环节与实践教学环节时间、空间、形式上难以结合，学生劳动过程缺乏有效控制，劳育评价难量化等难点问题，是新时代高校劳动教育的迫切需求。

二、场景建设

（一）总体目标

该系统研发项目旨在推动劳动教育数字化改革，聚焦高校劳动教育的难点、痛点问题，创新劳动教育实施路径，拓展第二、第三课堂育人途径，提升学生劳动素养，提供实效性强且可复制推广的劳育特色应用场景。通过该系统，希望可以实现的目的包括：①丰富劳动实践类型，提升学生参与劳动实践的积极性；②记录学生参与劳动实践的行为数据，形成完备的劳动成长档案；③改善劳动教育评价方式，促进学生劳动反思和劳育教师教学改革；④为学生个人劳育成长画像和群体劳育行为画像提供基础数据，从而达到精准劳育的目的。

（二）建设思路

以弘扬劳动精神为主旨，以提升学生劳动素养为核心，按照劳动教育"目标可导入""项目可发布""过程可追溯""效果可评价""学生可成长""流程可改进"的底层逻辑建设劳动在线特色应用，实现高校劳动教育的数字化和智能化，整合劳育资源，协同劳育，全面提高劳育效果。在后续成熟阶段，可以进一步推进劳动教育一体化，将更多的实践育人项目纳入在线平台，丰富劳动育人的内涵。

（三）项目流程设计

根据总体目标和系统需求，对"实践啦·劳动在线"进行项目流程设计，见图 10-21。

（四）数据库建设

"实践啦·劳动在线"数据库采用 MySQL 8.0 以上版本，核心要素字段见表 10-3。

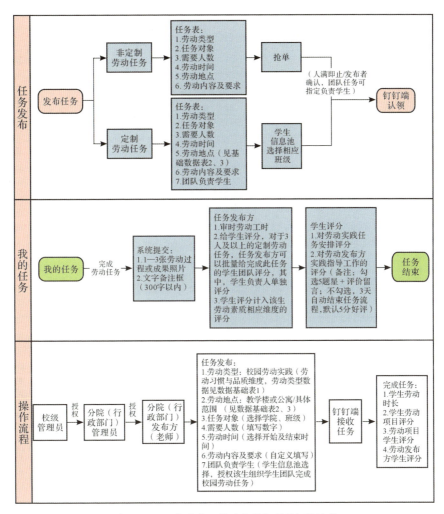

图 10-21　"实践啦·劳动在线"项目相关流程

表 10-3　"实践啦·劳动在线"核心要素字段

核心要素字段	关键数据	数据量化标准	备注
学院、专业、班级、学号、姓名、性别、联系电话、任课教师姓名、任课老师工号、劳动实践时长、劳动实践时间段、各类型劳动实践项目参加次数、劳动教育理论成绩、劳动思想性得分、劳动创造性得分、劳动习惯与品质得分、实践组织方对学生评分、学生对教师理论教学评分、学生对教师实践指导评分、学生对劳动实践项目评分	线上课程成绩	以"智慧树"平台数据为准	劳育理论成绩取分项
	劳模精神、劳动精神、工匠精神专题讲座	0.2分/次	劳动思想性取分项
	学生说"劳模故事"	0.2分/次	
	校园义工	0.1分/次，限0.2分	劳动服务性取分项
	劳动教育实践基地活动	0.2分/次，限0.4分	
	勤工助学	0.1分/次，限0.2分	
	志愿服务活动	0.1分/次（省级以下）0.3分/次（省级及以上）	
	暑期社会实践项目	0.2分，限0.2分	
	专业实习实训活动	0.1分/次，限0.4分	劳动创造性取分项
	大师、名导工作室活动	0.1分/次，限0.4分	
	创业实践	0.5分/次，限0.5分	
	校园劳动	0.1分/次，限0.4分	劳动习惯与品质取分项
	寝室卫生	0.1分/2次校级优秀	
	家务劳动	0.1分/次，限0.4分	
	培优1：学生劳动教育综合得分排名		劳动榜样选树——劳动标兵
	培优2：教师劳动教育综合得分排名		劳育教师考核业绩评定依据
	培优3：劳动实践项目得分排名		最佳劳动实践展示依据

（五）核心应用

学校开发了劳动项目设置、劳动任务发布、劳动过程管理、劳育素质管理、劳育画像管理、劳育在线课程等六大功能。基于"实践啦·劳动在线"特色应用程序，学校全面实现了多主体、多场景、多维度协同劳育（见图10-22）。

图 10-22　"实践啦·劳动在线"项目框架

1. 劳动项目管理

学校管理员根据人才培养方案和劳动教育课程标准设置劳动理论及实践项目，形成包含日常生活劳动、生产劳动和服务性劳动的劳动菜单，从劳动教育的思想性、创造性、服务性，以及劳动教育的习惯与品质养成等四个维度对劳动形式进行分类，将劳动项目细分为劳模精神、劳动精神、工匠精神专题讲座，学生说"劳模故事"，校园义工，志愿服务活动，暑期社会实践，专业实习实训活动，大师、名导工作室活动，创业实践，美丽校园创建，校园劳动，寝室卫生，家务劳动，劳动教育实践基地活动等13个项目类型。任课教师可以根据授课对象的学情制定不同的劳动教学计划，合理地安排劳动实践项目，避免劳动教育过于"窄化"或"泛化"的问题。

2. 劳动任务发布

根据劳动对象是否已确定将劳动任务分为定制化劳动任务和非定制化劳动任务。定制化劳动任务中，教师可以确定一位团队负责人作为助手参与组织劳动实践活动，以集体形式提交团队劳动成果，从而提升学生劳动实践的可操作性；非定制化劳动任务中，教师可以勾选参与学生的范围，将劳动任务推送到学生网上办事大厅（钉钉端），学生通过报名抢单的形式参与劳动任务，解决了部分劳动任务发布方需求和学生空闲时间不匹配的问题，提升了学生参与劳动实践的可操作性和积极性，创新了劳动教育的课堂形式，拓宽了劳动教育场域。

3. 劳动过程管理

理论学习方面，该程序与在线课程平台完成对接，记录学生的课堂表现、理论成绩、教学评价等数据；劳动实践方面，该程序全过程记录学生接受劳动任务、劳动开始及结束时间、劳动类型、劳动成果提交、劳动工时审定、师生互评等劳动实践数据信息。劳动过程管理功能可以全方位、全过程地记录学生的劳动教育学习情况，形成完备的数据库，是形成学生劳育成长档案、劳育画像、劳育智能诊断及劳育培优的数据基础。该功能有效解决了传统劳动教育过程难控制、评价难的问题，有助于形成科学的劳动教育过程管理和过程性评价机制。

4. 劳育素质管理

根据学生在劳动理论学习及实践中的行为记录，生成学生劳动次数、劳动理论成绩、劳动思想性得分、劳动服务性得分、劳动创造性得分、劳动习惯与品质得分、劳动综合得分以及各类型劳动的得分明细，形成完善的劳动成长信息档案，并可将相关劳动素养信息同步更新至学生电子档案。教师及用人单位可以通过点击学生的劳动成长信息档案全面了解学生的劳动素养。

5. 劳育画像管理

形成校、院、学生本人三级劳育画像。校院两级的劳育画像主要包括劳育师资、参与学生、劳动参与人次、最受欢迎的劳动类型、学生参与劳动情况、全校（院）学生劳动综合得分雷达图、劳育智能诊断等相关数据的可视化展示，供劳动教育工作推进、纠偏、评优相关决策之用。学生个人劳育画像主要包括劳动综合得分排名、劳动工时排名、各维度劳育得分雷达图、个人劳育智能诊断等相关数据的可视化展示（见图 10-23），为学生个人形成全面的劳动素养提供参照依据。

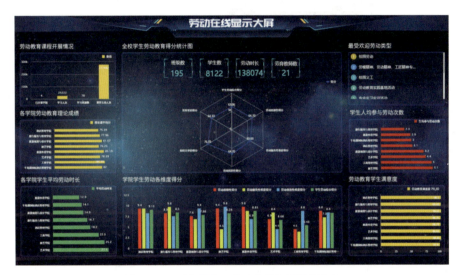

图 10-23　　"实践啦·劳动在线"领导驾驶舱

6. 劳育在线课程

学校将劳动教育在线课程嵌入"实践啦·劳动在线"中，学生可以通过"劳育在线课程"模块进行劳育理论学习、参与劳动教育在线课程（见图 10-24）。同时，项目会自动读取学生学习时长、互动次数、平时成绩、课程总成绩等劳育理论学习数据，实时分析学生劳育理论学习行为，有助于实现劳育理论学习和实践教学的深度融合。

图 10-24　劳动教育线上课程主页

三、改革突破

基于"实践啦·劳动在线"特色应用程序，学校全面实现了多主体、多场景、多维度协同劳育，实现劳动项目设置、劳动任务发布、劳动过程管理、劳育素质管理、劳育画像管理、劳育在线课程等六大功能。教师可结合教学要求、育人要素等，通过数字化平台发布劳动实践任务并开展实践教学指导、评价等教学过程，"一屏统览"学生的劳育表现，辅助进行培优纠偏。学生可以突破时间、空间、形式的限制，自主开展劳动实践，提交劳动成果并开展教学评价，对劳动教育教学提出合理化建议。"实践啦·劳动在线"为学校劳动教育的高质量发展夯实了基础，为高校开展劳动教育数字化改革提供了效果显著、可复制、易推广的实践案例。同时，通过项目的应用，学校劳动育人成效显著，获得以下四个方面的提升。

（一）丰富劳动项目设置，学生参与度高

项目提高了劳动教育的科学性，教师可以根据授课班级学生过往的劳动行为记录、智能劳动诊断，科学设置劳动实践项目，针对专题课程设计劳动实践任务（见图 10-25），学生普遍反映劳动实践的内容更丰

富也更有兴趣。"实践啦·劳动在线"已成为浙江旅游职业学院劳动教育的智慧脑，通过该程序，学校已发布了寒假劳务"十个一"系列活动、美丽校园创建、五月劳动文化月系列活动、劳模精神、劳动精神、工匠精神进行校园专题讲座等劳动教育活动数百场，学生参与劳动任务高达2万余人次，成效显著。

图 10-25　通过"实践啦·劳动在线"开展的多类型劳动实践

（二）助力劳育教学改革，学生满意度高

项目应用于劳动教育教学改革，解决了劳动教育实践与理论教学融合难的问题，学生可以通过平台随时随地接受劳动任务并提交劳动成果，学生的劳动积极性明显提高，劳育课堂效果显著。学生可以突破时间、空间、形式的限制，自主开展劳动实践，提交劳动成果并开展教学评价，对劳动教育教学提出合理化建议，劳动教育课堂满意度高达99.4%。

（三）提升劳育工作效能，育人成果丰硕

劳育教师可以通过所管理学生的劳育画像，研判劳动育人工作的状态及未来改进方向，及时制订针对性强的劳动教育工作计划，大幅提升

了劳动育人工作效能。学校可结合人才培养计划、教学要求、育人要素通过数字化平台发布劳动实践任务并开展实践教学指导、评价等教学过程，"一屏统览"所带学生劳育表现，用于培优纠偏，已评出十位"劳动标兵"，涌现出"中国优秀导游""浙江金牌导游"吴娜佳、"中国最年轻的烹饪高级技师"阎晗、"中国红十字会总会十大最美救护员""最美浙江人"夏振辉、第 21 届"全国青年岗位能手"江博等劳动榜样人物。

（四）形成项目品牌效应，社会认可度高

项目作为浙江省第一批智慧思政特色应用场景九大试点项目之一参加 2022 浙江省高校数字化改革成果巡展，获得高校思想政治工作、浙江新闻客户端、《中国旅游报》、《浙江教育报》等媒体的持续关注并报道，阅读量超 10 万人次。

第五节　"竞赛啦·学科在线"

宁波大学"竞赛啦·学科在线"特色应用系统针对高校双创活动开展过程中的项目管理、数据统计、结果检验等重要环节缺乏高效、专业的管理，以及高校双创活动内容单一化、信息不共享等问题，依托信息化手段，基于"协同创新""大数据分析"等理念，围绕学校创新创业人才"融合递进式"培养体系，全方位打造高校智慧双创管理的服务平台。2021 年，宁波大学凭借"竞赛啦·学科在线"成为浙江省第二批智慧思政特色应用试点高校。2022 年启动建设以来，已完成项目管理、赛事管理和园区管理三大模块建设。项目管理模块已服务于 2022 年国家级大学生创新创业项目的申报、评审和立项工作；赛事管理模块已服务于 2022 年宁波大学"互联网＋"创新创业大赛、结构设计竞赛、大学生工业设计竞赛的申报、评审等工作；园区管理模块已应用于学校创业园 62 个创业团队的入驻和日常定位考勤打卡、材料上报等工作。整体运行效果良好，学生端、校级管理员端操作简易，过程流畅，大幅提升了学校数字化平台的建设与发展。

一、需求分析

习近平总书记指出，"青年是国家和民族的希望，创新是社会进步的灵魂，创业是推动经济社会发展、改善民生的重要途径。青年学生富有想象力和创造力，是创新创业的有生力量"[1]。高校应把创新创业教育变成高等人才创业能力培养的重要手段。而高校开展创新创业教育既是思想政治教育时代性的客观要求，也是高校思想政治教育的内在需求。

当前，教育观念与双创教育要求仍存在差距，大学生双创教育体系亟待完善，首先，需要完善大学生创新创业的政策；其次，需要进一步丰富大学生双创教育的资源。此外，双创教育师资力量也严重不足，当前的"双创"教育未能充分发挥教育资源配置、师资力量建设的最大合力。大多高校在双创活动实践中，存在着活动数据缺失、管理缺位、评价体系不科学等问题，高校的双创教育管理部门很难获得科学全面的信息，使得学生双创能力提升效果不够显著。

宁波大学"竞赛啦·学科在线"特色应用系统依托数字化平台，从项目和学生个体的成长出发，达到竞赛服务、个体发展、竞赛育人的目标。项目从研究到竞赛到落地孵化，最终形成项目成长报告；学生则从参与知识学习到参与项目研究，到参与竞赛训练，到参与落地实践，最终形成学生双创能力报告。

二、场景建设

（一）总体目标

"竞赛啦·学科在线"系统主要为解决学生、教师、创业导师和学校对双创教育的不同场景需求而设计。学生可以通过平台报名参与双创项目、双创竞赛、双创课程、双创活动等，也有更多渠道对接各类双创

---

[1]　习近平致2013年全球创业周中国站活动组委会的贺信[N].人民日报,2013-11-09(1).

资源，帮助项目落地与成长，同时依据个人双创成长画像，更好地提升双创能力。教师可在线调用各类创业课程，提升双创教学能力与专业水平。创业导师可在系统承担项目评审、资源对接等工作，在一定程度上解决了疫情期间无法线下开展工作的痛点。学校管理部门可实现后台管理与运行，大大减少了各类双创项目、活动线下开展过程的烦琐工作，并以此制定双创教育策略。通过本系统，希望可以实现以下目标：①提高双创活动、竞赛等运行效率；②提高学生双创能力，提高教师双创教学能力；③提高学校创业园区管理水平；④为学校创新创业教育提供基础数据，助力学校开展创新创业建设。

（二）总体架构设计

根据总体目标和系统需求，对"竞赛啦·学科在线"进行总体架构设计，如图 10-26 所示。

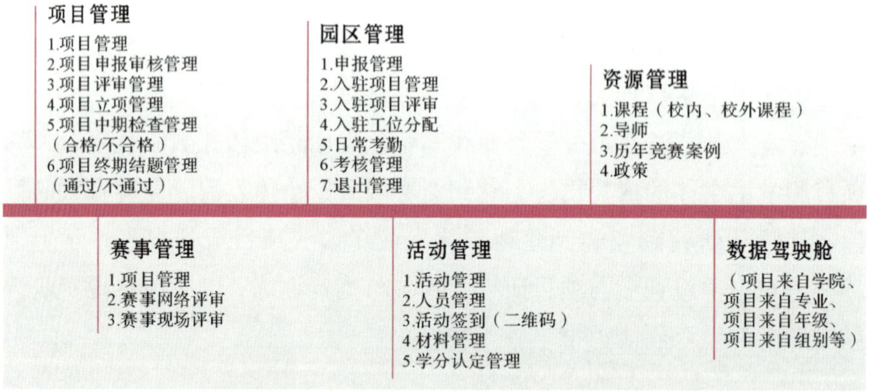

图 10-26 "竞赛啦·学科在线"系统总体架构

（三）数据库建设

数据库建设分为"项目管理""赛事管理""园区管理""活动管理""资源管理"等五个核心模块，在核心模块下再确定 15 个核心指标数据，如表 10-4 所示。

表 10-4　"竞赛啦·学科在线"系统标准核心字段

核心模块	核心指标数据	统计维度
项目管理	项目数量	国家级大学生创新创业项目总数、赛事项目总数、当年总数
	项目参与人数	当年项目学生总数
	项目中期检查合格率	当年合格率
	项目终期结题通过率	当年通过率
赛事管理	赛事数量	赛事总数、当年总数
	赛事项目数量	当年各赛事项目数量
	赛事项目人数	当年各赛事项目总人数
园区管理	入驻企业数量	总数、当年总数
	入驻企业营收	营收总额、当年总额、排名前十位
	入驻企业带动就业	带动就业总数、当年总数、排名前十位
	入驻企业获得融资	各企业融资总数、排名前十位
活动管理	双创活动数量	活动总数、当年总数
	双创活动参与人数	总数、当年总数
资源管理	双创课程数量	创新课程数量、创业课程数量、通识选修课程数量、专创融合课程数量
	创业导师数量	总数

（四）核心应用

"竞赛啦·学科在线"以学生发展的服务能力以及个性化作为核心建设理念，聚焦项目成长、学生成长这两条主线，功能包含项目管理、活动管理、赛事管理、资源管理、园区管理和数据驾驶舱六大模块（见图 10-27），并据此推出了"竞赛啦·学科在线"（见图 10-28）。

1. 项目管理

实现双创项目—大创训练项目—双创竞赛项目—落地实践孵化项目等"一站式"分级分类管理，并通过该模块实现项目发布—项目申报—审核—评审—立项—中期检查—结题管理等环节的全流程管理，充分提升院校项目管理效率，助推项目结题与落地孵化（见图 10-29）。

图 10-27 "竞赛啦·学科在线"系统模块

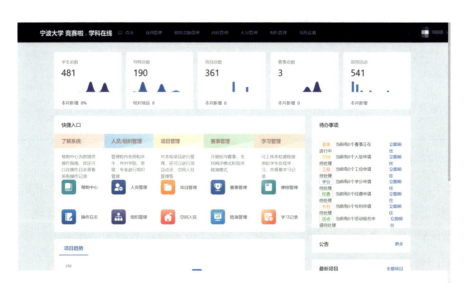

图 10-28 "竞赛啦·学科在线"特色应用场景系统首页

图 10-29 "竞赛啦·学科在线"项目管理模块页面

2. 活动管理

打造宁波大学本校精品双创活动，以"创业功守道""时代风口"等沙龙、讲座，以及对接社会各类双创论坛、报告等形式，打通活动创建—通知发布—报名审核—签到—直播—数据统计与分析等全流程，为宁波大学学生参与广泛的双创社会活动奠定平台基础（见图 10-30）。

图 10-30 "竞赛啦·学科在线"活动管理模块页面

3. 赛事管理

实现"互联网＋""挑战杯"等学科竞赛的进程管理，支持各类赛事流程整体设计，从赛事报名、资格审核、项目分组、评委分组到网络评审、现场评审、颁奖复核等环节的步骤清晰合理，数据一目了然，助力学校数字化办赛（见图 10-31）。

图 10-31　"竞赛啦·学科在线"赛事管理模块页面

4. 资源管理

通过"教—学—测—练—评"学习平台,充分调用系统课程中台的校内外课程资源,加快学生培训、师资培训等场景的数字化转型,全面提升培训效能。同时,广泛汇聚校外导师、投资人、社会企业、产业园区/孵化器/基地、政府部门等社会资源,打造宁波大学资源平台,为大学生创业提供更丰富、更直接的资源对接机会(见图 10-32)。

图 10-32　"竞赛啦·学科在线"资源管理界面

5. 园区管理

对学校创业园区及入驻企业进行智慧化运营,实现申报管理—入驻项目管理—入驻项目评审—入驻工位分配—日常考勤—考核管理—退出管理等环节的全流程管理，提高园区的服务水平，加强对入驻企业的监督帮扶，实现园区管理数字化、智慧化升级，全面提升园区的利用效率（见图 10-33）。

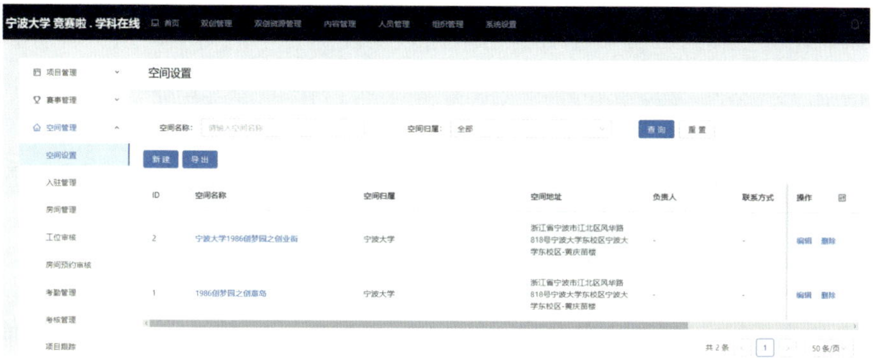

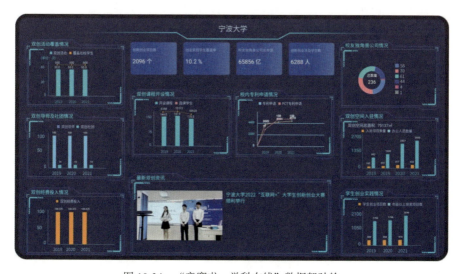

图 10-33　"竞赛啦·学科在线"园区管理模块页面

6. 数据驾驶舱

可通过数据驾驶舱对全校双创情况进行汇总分析。从项目、学生两个维度对入驻平台后进行的赛事、活动或者资源对接等数据进行动态关联性分析并生成报告（见图 10-34）。

图 10-34　"竞赛啦·学科在线"数据驾驶舱

三、改革突破

（一）双创赛事活动网络化，丰富人才培养形式

使用"竞赛啦·学科在线"后，大量的双创赛事、活动线下工作得以简化甚至摒弃，竞赛主办方可以高效实现赛事（活动）策划、启动、报名等一系列与竞赛相关的工作。该系统的学生端使用率非常高，学生能快速便捷地查询各类双创赛事相关的信息，主动参与，积极报名。同时，通过线上线下结合的新型方式，极大丰富了双创教育的活动形式。

（二）双创资源课程多样化，铸就人才培养基石

"竞赛啦·学科在线"系统构建"教—学—测—练—评"学习平台，充分调用系统课程中台的各类校内外课程资源，加快师资以及学生培训等场景的信息化转型，全面提升培训效能。同时，大学生能通过更为快捷、全面的方式获得创业资源，如创业导师、融资需求、园区对接、政策发布等，真正铸就起双创人才培养的基石。

（三）双创园区管理智能化，夯实人才培养载体

"竞赛啦·学科在线"系统园区管理应用涵盖空间设置、项目入驻、入驻审批、工位管理、服务预约、项目考勤、项目考核等功能，有效解决了以往创业园区管理工作中信息不顺畅、程序不规范等弊端，在全面提升院校孵化载体管理效率的同时形成健全的运营管理体系，全面提升园区的使用效率，有效服务于大学生双创项目的孵化与运营。

（四）双创教育数据可视化，凸显人才培养成果

"竞赛啦·学科在线"系统汇总了与双创相关的各类信息（人员、赛事、项目、活动、企业），高效地记录各类数据，避免以往数据统计中出现的过程烦琐以及数据失真的缺陷，从而为双创教育质量的提升提供有效支撑。各类数据同步共享，针对教师、学院和学校管理部门进行分层分类，实现协同管理，为双创教育改革提供强大的数据支撑。此外，该系统可以有效结合参赛记录、申报记录等信息，科学地绘制参赛人员

的"双创成长画像"，将大数据运用于学生成长与教育，更好地提升学生的双创能力。

第六节 "就寝啦·智慧社区"

浙江工业大学"就寝啦·智慧社区"将智慧社区理论运用于学生社区的建设与管理，主要依托云计算、大数据以及人工智能、信息服务智能终端等各种智能技术和方式，从学生的学习、社交、服务等角度出发，整合集成学生社区的辅导员下寝、后勤服务、志愿服务、勤工俭学、心理咨询等十余项业务应用，形成服务、治理、健康、交通、实践、邻里六大场景，打造一个现代化、数字化、信息化、智慧化、协同化的生态圈，为学生构建一个数字化、现代化、更便捷、更亲密、更完善的生活场景。"就寝啦·智慧社区"平台于 2022 年 1 月上线浙江工业大学钉钉专业版，为 3 万余名学生提供服务（见图 10-35）。

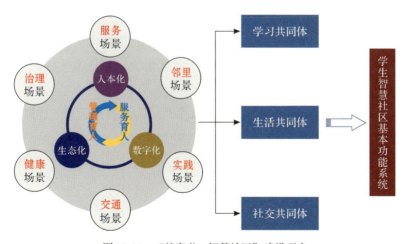

图 10-35 "就寝啦·智慧社区"建设理念

一、需要分析

新时代新形势，学生社区作为学生生活、学习、成长的重要场域，将其建设成为坚持党的领导的重要平台、落实"一线规则"的有效举措、防范风险挑战的前沿阵地、培养时代新人的创新场域,具有重要的时代价值和实践意义。而数字化发展的趋势更是为高校建设高质量的学生社区指出了破解思路。因此,浙江工业大学把握时代脉搏,积极探索富有学校特色、体现思政要求、贴近学生实际的智慧社区应用场景,落实立德树人根本任务,努力构建数字化思维、思想政治教育工作、学生社区建设三融合的育人新阵地。

二、场景建设

(一)总体目标

①坚持以生为本、需求导向。以学习者为中心,将提升学生的获得感作为核心要义,设计、优化生活服务场景、居住管理场景、协同育人场景,为不同学习目标的学生提供个性化成长成才服务。

②坚持共建共享、育人协同。统筹利用学生社区内各类场馆和场所资源,如"一站式"育人服务中心、强身健体中心、社区交流中心和宣传电子彩屏等;以宿舍楼区为单位建立党员之家、谈心谈话室、班团研讨室等;统筹安排学校领导干部、专家学者、班主任导师、辅导员深入学生社区,打造教师参与、支部引领、社团助力、辅导员入驻的育人资源协同,建设学生学习共同体和成长共同体。

③坚持数智驱动、技术赋能。通过多跨协同的数据采集、数据处理、数据分析与应用服务,逐步构建精细管理与精准服务相融合的智慧社区育人模式,不断推动智慧思政的数字化水平,切实提升高校思想政治工作质量。

(二)核心应用

1."一网通办",实现"一网常办"服务

"一网通办"以学生为中心、以需求为导向、以服务为理念,是集合各部门之间的业务系统,打通信息壁垒,实现数据共建、数据共享、数据智治。本项目的应用场景主要整合集成学工部、研工部、团委、公管处、保卫处、容大后勤等部门的业务系统中的学生端、管理端，利用统一身份认证识别，形成入口统一、登录唯一、数据衔接的一体化、融合式的社区服务，有效实现了一个平台、一张网、一个数据库（见图10-36）；围绕六大场景服务，以"服务驱动＋应用场景驱动＋数据驱动"三方驱动，搭建"一网通办"智慧社区服务基础平台，有效实现数据的采集、录入、治理、共享等功能（见图10-37）；以智慧学工系统网页端和工大钉手机端设计开发服务为平台，建立网页应用端、网页管理端和手机应用端，供学生、辅导员、班主任、导师、校园部门管理使用，实现各部门之间多跨协同、有效沟通，让学生使用平台的体验从可用到好用，最终实现常用（见图10-38）。

图10-36　实现统一身份认证登录

图 10-37 "就寝啦·智慧社区"实现"一网通办"（电脑端）

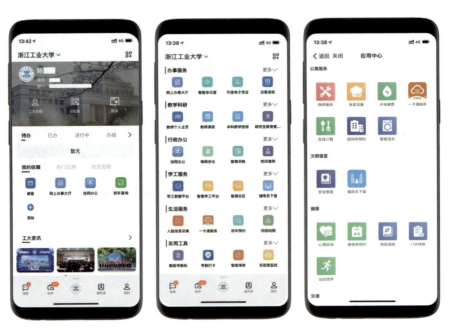

图 10-38 "就寝啦·智慧社区"实现"一网通办"（手机端）

2."一线规则"，推动育人力量下沉

"辅导员下寝"是学生智慧社区服务平台中的重要应用，也是践行"一线规则"的重要手段。该应用主要为手机应用端，便于辅导员（班主任、导师、领导干部）走寝时随时开展与学生的谈心谈话并记录留档，同时，辅导员下寝应用和后勤寝室卫生检查系统、心理健康管理系统等学生工作业务流程系统共建共享，数据互动，有效协同（见图10-39）。"辅导员下寝"可有效帮助辅导员了解学生思想动态、学习状态、生活状态与寝室情况，进而把解决学生的思想问题与解决学生的学业问题、生活问题、成长问题结合起来。

图10-39　"辅导员下寝"应用

（1）"辅导员下寝"功能一：个人或群体谈话实时记录

"辅导员下寝"应用可以根据辅导员走寝室过程中的实际情况，选择直接谈话或宿舍谈话，第一时间记录谈话。直接谈话即辅导员根据姓名或者学号主动搜索，与学生进行一对一单人谈话；宿舍谈话即辅导员对整个寝室学生进行一对多群体谈话（见图10-40）。

（2）"辅导员下寝"功能二：线上预约

"辅导员下寝"采用线上预约模式，辅导员可通过线上精准预约学生，学生收到信息后，可以约定谈心谈话地点，可以选择寝室、教室、办公室等。当辅导员走入学生寝室后，打开"辅导员下寝"应用，直接根据预约情况随时记录谈心谈话内容，并拍照上传相关附件（见图10-41）。

（3）"辅导员下寝"功能三：精准推送

"辅导员下寝"应用将学生公寓卫生检查数据、违规信息、晚归信息，精准推送到学生责任辅导员处，辅导员根据相关信息，及时预约学

图 10-40　个人谈话（左、中图）或群体谈话（右图）

图 10-41　"辅导员下寝"线上预约

生谈心谈话，并做好相关记录工作

（4）"辅导员下寝"功能四：建档关注

"辅导员下寝"应用与心理健康管理系统、智慧学工平台数据共建共享，数据互通。对于学习困难学生、经济困难学生、心理关注学生等特殊群体学生，辅导员能做到及时建档关注、持续跟进关心。

（5）"辅导员下寝"功能五：数据画像

根据学生业务系统产生的过程性数据，建立学生数据画像展示学生基本信息、责任辅导员信息、住宿历史、违规违纪、查寝分析、门禁出入分析、开锁记录等，便于辅导员（班主任、导师、领导干部）直观全面了解学生。

三、改革突破

（一）实施"多重预警"，提升"精准思政"水平

基于"一网通办"智慧社区服务基础平台，通过数据清洗、数据治理、数据分析等大数据相关技术，形成晚归预警、消费预警、治安预警、心理预警四大预警，并利用数据看板将业务接入数据中心；搭建 ALOT（人工智能与物联网）平台，通过人工智能中心、场景管理中心、预警数据处理中心、指数计算中心，实现从数据简单搜索、初步整理、粗犷借鉴到数据精准抓取、精准整理，再到精准反馈、精准预测，最终实现闭环精准智治；精准靶向推送学生、辅导员、家长、学校等群体需要的、感兴趣的、应知的信息，实现其管理不再是人机械管理、被动发现问题，而是智能化管理，主动挖掘、智能分析、精准预警，有效提供决策性依据，实现对学生的管理、服务协同育人，满足师生、家长对"美好生活"的期待和向往。

（二）线上线下"一站式"服务，实现协同融合育人

智慧社区作为"一站式"学生社区综合管理模式改革的线上版应用，积极探索"一站式"学生社区网上家园，以数字赋能，建立社区公共空间线上一键预约（见图10-42）、线下人脸识别登记模式；党团

活动、主题报告、创新沙龙、社区特色活动等可通过"第二课堂管理"应用实现一键预约；志愿服务活动可通过"志愿服务"应用实现网上招募和工时记录；教育类等MOOC课程实现网上共享，网上树洞、工大百事通等小程序为学生疏解情绪、解忧排忧。通过线上线下融合服务，不断提升社区协同融合育人质量。

图 10-42　公共空间线上预约

第七节　"智慧心理育人"

温州医科大学充分发挥数字化改革在学生思政工作中的创新功能，聚焦数字赋能，积极推进"智慧心理育人"系统建设，增强心理工作数字治理能力，推动工作迭代升级，提升学生心理健康服务的精细化、高效化。"智慧心理育人"系统针对心理问题学生比例和心理危机个案逐年攀升以及单纯的心理测评初筛率高但准确率低等问题，以学生心理育人应用为切入点，打造贯穿从入学到毕业全周期，涵盖宣传教育、心理普查、心理咨询、危机预警、干预管理全过程，融通学生心理健康教育全领域的一体化数字应用平台。温州医科大学"智慧心理育人"系统入选浙江省教育领域数字化改革首批创新试点项目，学校获批浙江省教育厅智慧思政试点单位。"智慧心理育人"系统入选浙江省高校数字化改革成果巡展和浙江省教育领域数字化改革优秀案例集。

一、需求分析

随着心理问题学生人数和心理危机个案数量逐年攀升，隐蔽性心理问题学生的排查和心理问题学生的管理难度逐渐加大。学校如何在数以万计人群中高效且准确地发现危机个体？心理中心如何与院系高效合作进行心理危机预防干预工作，如何专业、有序、系统地处理心理档案和各类记录？各高校心理中心是否可以形成合作，共同实现智慧心理育人？这些现状和问题都表明，学校亟须建立专业、系统、有效的信息系统以实时掌握学生相关信息，精准筛选危机学生，精准帮扶学生，提升心理健康工作效率，实现数字赋能，为心理育人工作插上智慧翅膀。

二、场景建设

"智慧心理育人"系统遵循"教育魔方""四横四纵"框架要求，设计了"智慧心理育人"系统"四横四纵"总体框架（见图10-43），包括基础设施体系、数据资源体系、应用支撑体系以及最上层的业务应用等四大体系。

系统分为学生服务育人端和高校管理治理端，系统设计了画心理、筛心理、管心理、统心理、助心理五大功能。画心理是智慧心理大数据中心，实现学生从入学到毕业心理相关数据一键查询；筛心理是心理预警帮扶系统，实现危机筛查智慧联动；管心理是心理服务与管理系统，实现危机管理一网贯通；统心理是智慧心理育人领导驾驶舱，实现心理数据一屏呈现；助心理是心理育人服务端，实现心理育人智能自助。系统旨在打造贯穿学生从入学到毕业全周期，涵盖心理普查、心理咨询、危机预警、干预管理全过程，融通学生心理健康教育全领域的一体化数字应用系统。

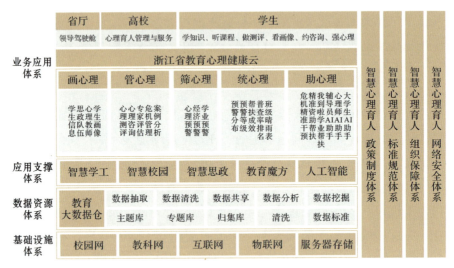

图 10-43　"智慧心理育人"系统"四横四纵"总体架构

三、改革突破

"智慧心理育人"系统以心理育人和心理管理为切入点，探索基于大数据研判支持决策的高校心理"数智"模式，推进心理育人数据共享化、业务数字化、管理协同化、服务智能化，实现心理育人体制机制创新、业务流程再造和数据资源共享，聚焦破解"通、同、统、痛"，形成"问题识别—关注帮扶—专业干预—回归健康"闭环管理（见图 10-44）。

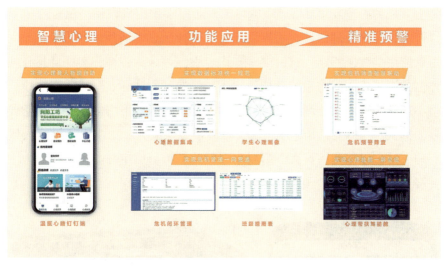

图 10-44 "智慧心理育人"系统闭环管理

（一）"通"——联通学生数据

一是与职能部门相关数据互联互通，这是画心理智慧心理大数据中心功能。制定学校数据标准，各部门按"一数一源"原则维护部门产生的权威源头数据，实现数据共建共享、互联互通，确保"智慧心理"数据实时准确。通过前期数据标准统一规范，打通学工、教务、后勤等系统的数据壁垒，集成学生所有心理相关数据，一键查看学生基本信息、学业成绩，心理测评及咨询情况等，形成学生心理画像。

二是与上级部门相关数据互联互通，这是统心理智慧心理育人领导驾驶舱功能。智慧心理系统领导驾驶舱分省厅和学校两级，现已完成省厅和温州医科大学智慧思政领导驾驶舱互联工作。以图表的方式直观地显示心理普查、心理预警、心理育人的各项指标，辅助管理者做出决策，实现科学化管理，实现对指标的逐层细化、深化分析，帮助管理者更清晰地了解实时统计数据，掌握全校学生心理问题情况，实时同步学校数据。

（二）"同"——协同育人机制

"智慧心理育人"系统实现"学校—学院—医院"协同育人的模式。

一是助心理功能（见图 10-45），面向学生用户设计"温医心晴"钉钉端，包含心理微课、心理测评、心理减压、咨询预约等功能。学生可以使用"温医心晴"钉钉端学知识、做测评、约咨询，实现自我心理评估与调试。同时将系统延伸到线下，打造"心晴驿站"线下实体端，将心理学理论应用于场景化的心理体验之中，以线下实体空间和互动屏幕的形式，实现 24 小时心理热线和网络微课服务，为学生提供全天候心理支持。以温州医科大学附属康宁医院精神科医生和心理治疗师为主要服务人员，构建"预防、辅导干预"相结合的"医教结合"模式。

图 10-45 助心理"温医心晴"钉钉端（左图）和线下"心晴驿站"（右图）

二是管心理功能（见图 10-46），面向高校管理治理端，建设心理服务与管理系统实现校院两级心理管理联动。系统包含咨询预约、心理评估、心理测评、班级晴雨表，心理危机上报、心理队伍管理、数据统计等九大功能。系统支持查看学生相关记录，确保咨询师快速、全面地了解学生心理相关信息，为咨询师及时干预高危学生提供信息化支撑。在咨询中发现的危机个案可通过系统上报到心理中心，数据将推送到心理预警系统，提醒辅导员对学生进行危机摸排和关注。此外，还设计班级晴雨表建立班级心理委员日常信息上报入口。

图 10-46　管心理界面

（三）"统"——统一安全平台

系统采用统一的技术规范，构建"四横四纵"功能框架：夯实"四纵"，建成统一的智慧心理组织、制度、标准、安全保障体系；落实"四横"，使用统一的云计算、大数据、AI技术，建成统一的基础设施体系、数据资源体系、智慧校园体系以及业务应用体系。系统采用统一保障平台，各功能统一集成到电脑端、手机端、钉钉端和微信端，实现智慧心理一屏直达，相应服务一键响应。系统采用统一的信息安全规范，对关键信息的管理进行精准权限设置，确保数据安全；进入关键系统需扫码登录，确保敏感信息不泄露；系统上线前统一按照信息安全等级保护制度进行上线前扫漏洞加补丁，提升系统安全。

（四）"痛"——解决痛难点问题

学生心理危机个案的筛查和干预是学生心理工作的痛点和难点。通过开发心理预警帮扶系统，实现筛心理的主要功能，根据心理危机排查模型七个维度，在辅导员完成相应因子的勾选后，自动生成心理预警等级，实现对心理问题的初步筛查。将产生疑似心理问题的学生自动推送至学校心理健康教育中心进行进一步评估确认。学校心理健康教育中心评估后，最终生成"心理预警学生名单"信息。系统按照事先设定的权限推送给相关辅导员，由辅导员或心理教师进行干预活动并全过程记录干预措施，形成"心理问题学生数字档案"。辅导员或心理教师通过定期或不定期的持续观察、持续打标签、持续干预、干预评估等流程形成闭环。此外，系统还不断迭代升级，对接学校现有心理普测系统，对普测结果异常学生进行评估，形成学生心理预警等级，并打通教务处学业数据，使用学业预警系统。

第八节　"浙里成长"

浙江农林大学牵头建设的"浙里成长"针对高校对学生综合评价存在的简单化、形式化、趋同化，不及时、不客观、不全面，笼统、模糊等问题，解决教务、学工、研工、人事、财务、保卫、团委、后勤等信息化系统间的"数据孤岛"，从底部融合学生全成长周期的成长数据，实现学生成长状态的量化评估。"浙里成长"立足高校学生思想政治工作实际，坚持需求导向、问题导向、效果导向，遵循思想政治工作、教书育人、学生成长"三大规律"，通过新平台、新机制、新模式推进高校思想政治教育工作的整体智治。该应用依托浙江农林大学"一库一表"数字化建设的成效，对高校育人的数字化综合应用进行系统重构。

应用按照"1+3+N"架构进行系统建设，即"1"套学生综合评价标准，"3"个校本化特色应用（"思想引领""成长关怀""向阳而生"），"N"个学生评价指标，建成了"浙里成长"智慧思政集成展示平台（以下简称"浙里成长"智治驾驶舱）。"浙里成长"及时全面掌握学生的学习、生活、行为等成长状态，提高思想政治教育的精准性，努力让每位学生都能实现最适合自己的发展，推进思政工作痕迹化管理，推动工作效能的提升，数字赋能思想政治工作。

一、需求分析

随着人工智能、大数据等新一代信息技术的深度应用，智慧思政已成为新形势下开展思政教育改革创新的重要选择，传统思政教育需要完成向智慧思政教育的转变。基于智慧思政的育人体系应坚持以育人为根、以学生为本、以技术为道，坚持问题导向、需求导向、效果导向，并充分运用智能化技术深化思政教育的供给侧结构性改革，实现数据集成融通和可视化呈现，推进思想政治教育工作的整体智治，真正做到"数据能看、事件能督、应急能用"，让思政教育更有声有色、有情有义、有滋有味。

当前，高校思政教育对学生在校期间的综合评价过程中，存在简单化、形式化、趋同化，评价不及时、不客观、不全面，结果笼统、模糊等问题，学生在校期间的成长状态难以量化评估。随着数字化改革的推进，各高校虽建成了教务、学工、团委、后勤等各类应用系统，但系统间存在数据壁垒，学生的成长过程数据不能集成反馈，学生成长感知不明显。如何运用互联网思维、通过互联网技术手段开展思想政治教育，尽快实现传统思政教育向智慧思政教育的转变，成为高校思政教育亟待解决的问题。

二、场景建设

（一）总体目标

研究学生成长过程的周期性、学习生活相关性、教育培养智慧性等"三全理念"，通过充实数据底座、优化画像系统、建立预警系统、建立成长互动平台、建成"浙里成长"驾驶舱等五项建设，打通思政工作数据壁垒，通过学生维度、辅导员维度、学校领导与业务部门维度、评价标准维度赋能思政工作。通过本系统，希望可以实现如下目标：①形成一套标准的具有实践指导意义的学生在校成长状态评价标准体系；②形成一套标准的具有实践指导意义的学生管理工作评价标准体系；③形成一套全面的高质量的以学生为主体的核心数据；④开发一个面向校领导、业务部门、老师、学生等多角色的学生状态展现、学生成长展现、学生成长动态管理平台；⑤提高面向学生管理工作的现有学校信息化建设的整合能力。

（二）总体建设框架

根据总体目标和系统需求对"浙里成长"进行总体建设框架设计，见图10-47。

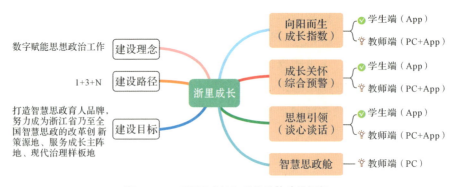

图 10-47　"浙里成长"系统总体建设框架

（三）核心应用

"浙里成长"特色应用按照"1+3+N"架构进行系统建设，即"1"套可复制的学生综合评价标准、"3"个可推广的特色应用场景、"N"个可自定义的学生评价指标（见图10-48）。

图10-48　"浙里成长"系统架构

1."向阳而生"——学生综合画像

"向阳而生"应用场景建立在学生综合评价标准之上，覆盖学生从入学、成长、离校、就业全过程成长周期，通过全方位、全过程的成长数据刻画以及全校、全院、同年级、同专业学生成长数据对比分析等，对照人才培养方案与职业生涯规划目标，实时为学生成长状态提供一体化的成长数据参考，增强学生对自身成长状态的感知与思考，优化调整学生成长发展轨迹，助力学生全面成长成才，提升学生获得感和满意度，做到学生成长的"数据能看"。

2."成长关怀"——综合预警系统

"成长关怀"应用场景通过建立预警决策体系，建成基于一体化思政数据底座的综合预警系统"成长关怀"，建立了包括学业、经济、心理、行为等主题的高校大学生综合预警模型，引入了新的消息提醒机制，进而实现学业、心理、经济、安全、行为、网络、就业等消息推送、智能分析、预警提醒和决策辅助功能，实现学生预警的主动挖掘、智能分析、自动预警、消息智推、督查督办，从而精准识别存在的各类不安因素，及时开展关心关怀等工作，做到学生管理工作"应急能用"，确保校园安全稳定（见图10-49）。

图10-49　"浙里成长"学生综合预警界面

3. "思想引领"——教师工作平台

"思想引领"应用场景基于学生全面发展和个性化成长需求，通过建立一套完善高效的教师工作平台，提供谈心谈话登记、师生预约、谈话历史查询、统计分析等一系列功能，结合学生成长特点和生涯规划目标，建立分层分类的学生个性化成长指导互动平台，有针对性地开展教育指导，形成全员育人的工作闭环。师生可通过"思想引领"开展运动邀约、用餐有约等交流场景，从而极大地丰富了师生之间互动形式。同时，推进思政工作痕迹化管理，提高工作精准性，推动思政队伍管理能力和工作效能的提升。

4. "浙里成长"智治驾驶舱

通过建立多维度大数据分析模型，建成"浙里成长"智治驾驶舱，面向学校不同管理层级、对象形成相应的大数据展示管理界面，为学校领导和业务管理部门展示学生群体成长发展状态和管理工作痕迹，学校总体满意度评价与反馈，为学校思政工作提质增效提供决策支持，提高管理水平，数字赋能思想政治工作，做到学生管理的"事件能督"，推动学校整体智治（见图10-50）。

图 10-50　"浙里成长"智治驾驶舱学生信息界面

三、改革突破

（一）数字赋能思政工作，助推实现传统思政教育向智慧思政教育的转变

"浙里成长"智慧思政坚持需求导向、问题导向、效果导向，重点做好思政数据底座构建，通过对现有学生成长相关的业务管理系统的补充与重塑、数据集成、抽象分析、直观展示、预警分析、互动反馈等方式，实现数据集成融通和可视化呈现，建设业务价值高、可复制、可推广的"小切口、大场景"特色应用场景，推进思想政治教育工作的整体智治，真正做到"数据能看、事件能督、应急能用"，助力大学生全面成长，形成思政工作特色做法，着力打造智慧思政育人品牌，在五个方面实现

数字赋能思政工作。

1.实现数字赋能思想引领

成长成才引导方面，实现了学生成长的量化评估，明确成长发展方向，"五育"并举，引导助力学生全面成长成才；师生互动交流方面，通过午餐有约、运动邀约、咨询预约等沟通联系，为教师和学生开辟师生交流平台，丰富了师生互动形式和主题；思想动态研判方面，结合学生学习、生活、行为等状态数据，开展思想动态研判，精准推进学生思想政治教育。

2.实现数字赋能学风建设

学习状态感知方面，实现了学生成长数据的全面展示，通过同年级同专业成长数据对比，让学生清晰掌握不同阶段的成长状态，提升成长获得感和成就感；创新创业教育方面，基于学生成长发展潜力，充分发挥科研创业、学科竞赛、创业实践等育人作用，有针对性地开展教育指导，提高学生创新创业能力；学业预警帮扶方面，促进学业结果预警向学业过程预警转变，建立上课出勤、课堂表现等过程性的学业状态预警，构建起基于学生日常学习状态的学业全过程预警帮扶机制，助推优良学风建设。

3.实现数字赋能生涯教育

生涯规划教育方面，基于学生全方位成长状态数据，结合学生个性化发展需求，开展成长发展指导，帮助学生制定生涯规划目标，让每位学生都能实现最适合自己的发展；就业指导服务方面，发挥榜样典型对学生成长的示范引领作用，通过成长目标管理、生涯咨询、就业指导等，帮助学生提升就业能力；求职招聘帮助方面，通过数字化刻画，全面展示学生综合素质能力，结合生涯规划目标、个性特长、求职意向等，精准推送就业渠道，服务用人单位招聘，助推高质量就业。

4.实现数字赋能综合预警

全面综合预警方面，实现学生预警的主动挖掘、智能分析、智能推送、自动提醒、督查督办、归档分析、辅助决策，精准掌握各类不安全稳定因素；预警关怀处置方面，及时开展关心关怀、督查督办等工作，提前谋划、主动出击，把不稳定因素消除在萌芽状态，预防各类安全事件发生，实现学生工作的减负增效，确保校园安全稳定。

5.实现数字赋能队伍建设

提升工作效能方面，及时全面掌握学生的学习、生活、行为状态，提高思政工作的精准性和有效性，提高辅导员信息化素养和智治水平，摆脱繁杂的日常事务性工作，推动工作效能的提升；规范过程管理方面，通过"谈心谈话""走访寝室""家校联系"等实时记录，落实辅导员工作台账制度，建立规范化工作机制，推进思政工作痕迹化管理，促进辅导员回归主责主业；业绩考核支撑方面，全面掌握辅导员工作状态，为辅导员工作业绩考核提供有力支撑。

（二）整合资源，多跨协同，助推实现从单兵作战向协同育人的转变

在系统推进构建"大思政"育人格局背景下，推动思政教育数字化改革的本质，实际上也就是围绕"立德树人"，整合校内外资源，建立各部门协同配合、协调联动、共同发力的协同育人机制，将数字化要求落实到每个领域。"浙里成长"智慧思政打通了教务、学工、研工、人事、财务、保卫、团委、后勤等系统间存在的数据壁垒，为推进思政工作痕迹化管理，推动工作效能的提升奠定了基础。借助系统，学校可以进一步强化顶层设计、制度创新，真正落实全员育人，从根本上突破条块分割、各自为战、缺乏协同的育人困境，推进思想政治教育创新的高度自觉；可以综合创新思维、系统思维，通过数字化手段，将思想政治教育全方位融入专业教育、校园文化建设、网络空间和日常实践中，使思想政治教育入脑入心、落地生根；可以在继承传统思政好经验、好做法的基础上，结合智慧思政的新技术、新方法，把思政教育融入人才培养全方位全过程。

（三）科学定位，精准施教，助推实现从开放式教育向精细化教育转变

精细化思政教育就是精准定位学生需求、精准评价学生成长、精准

解决学生问题。这是一种育人观念的创新，更是数字化改革在思政教育中的重要体现。"浙里成长"智慧思政为精细化教育提供了平台支撑，从八个维度出发制定了高校大学生全成长周期的综合评价标准，该标准有效融合了学生成长数据，建立了学生综合预警关怀模型，使辅导员能精准掌握各类不安因素，从而及时开展相应的教育引导工作。

在精细化教育背景下，学校得以深化"三全育人"的内涵，一方面，在"精"上下功夫，将学生思政教育覆盖到工作的每个过程，规范到育人的每个细节，落实到每个学生，真正将"以生为本"和"科学管理"有机结合，努力追求至善至美、精益求精的思政教育新境界。另一方面，在"细"上下功夫，通过特色应用场景，全面了解学生成长状况，给予更专业的规划与辅导，为学生提供更多的双向沟通平台，精准掌握各类不安全因素，及时开展关心关怀。

第九节　"浙里辅导员"

浙江理工大学始终把立德树人作为根本任务，以数字化改革牵引学生思政工作变革，作为浙江省智慧思政首批试点单位，学校完成了基于大数据精准驱动的浙里辅导员成长平台的建设。为了更加客观地展示辅导员的基本工作情况，平台建立全面科学的辅导员工作场景、成长规划、考核评价标准化的体系，使辅导员的谈话有记录、场景有台账、难题有参考、学习有平台、工作有痕迹、评价有依据、工作有闭环，实现辅导员工作全场景数字化展示。

一、需求分析

辅导员是高校人才培养与教育管理的重要成员，是学生健康成长的指导者、领路人。辅导员以立德树人为根本任务，以不断提高自身业务能力水平、增强工作育人实效为目标，因此，搭建一个可供辅导员学习研讨，能记录辅导员成长并进行工作实践的平台尤为必要。浙江理工大学从辅导员工作实际出发，开发了我爱记学生模块，辅导员可以利用碎片化的时间记忆学生，看见学生，助力辅导员在更短的时间认识和了解和熟悉学生。

二、场景建设

（一）总体目标

系统主要为展示辅导员工作的全场景，助力辅导员实现线上学习、工作、实践、生涯规划，实现多维度数据汇集，精准描绘辅导员画像，助力职业化、专业化发展。平台建设了个人成长、学习实践、工作记录、我爱记学生模块，实行积分制管理。在上述模块的基础上，平台全面掌握和分析个人基本情况，进行分类追踪、指导、帮扶，促使辅导员进入能力提升和专业化、职业化发展的快车道，逐步确定自身专业化、职业化发展的方向和目标。

（二）功能介绍

平台包含我爱记学生、浙里有约、学习任务、实践任务、个人成长五个部分。

①我爱记学生主要帮助辅导员利用碎片化时间记忆学生，看见学生。

②浙里有约能够实现与浙江省名师平台直接对接。辅导员有疑问的时候可以进行众筹邀请专家或者名师举办讲座，专家辅导名师也可以主动发布讲座供辅导员预约，实现双向奔赴。

③学习任务主要收录了与辅导员实务相关的理论文件、政策要点，激励辅导员加强理论学习。

④实践任务主要为辅导员在校期间的谈心谈话、职能部门工作布置完成情况等内容。

⑤个人成长直接记录了辅导员在校期间的教学、科研、发展，个人积分排名等数据，勾勒辅导员的职业画像。

（三）操作指南

平台目前实现了学校统一账号口令登录，因此用户可以通过浙江理工大学内网直接进入，无需二次登录。

"每名学生都值得被看见。"我爱记学生作为浙里辅导员平台很重要的一个模块，是浙江理工大学智慧思政团队的原创性设计（见图10-51）。其背景缘于近些年高校辅导员承担的工作模块不断增多，导致与每名学生一对一交流的时间减少。高校信息化建设突飞猛进，数字化改革快速推进，学生大数据仓得到建设，浙江理工大学智慧学工系统就完成了所有学生的基本数字画像，涵盖了学生基本信息、课程状态、学习成绩、学科竞赛、奖励表彰、违纪处分等各项常态数据。在此基础上，学工数字化团队构建了学生题库的基础模型，生成了不同难度的学生个人状态题库，涵盖了大学标准照、姓名、专业班级、奖励荣誉、生源地、宿舍情况、成绩状态等多个标准化因子。辅导员可以利用碎片化时间进入我爱记学生模块，通过循环训练，重复练习，精准记忆所管理学生的基本信息情况，在较短时间内匹配记忆自己所教育管理的学生群体，不断形成差异化记忆。

图 10-51　我爱记学生模块手机端界面

我爱记学生模块采用排名制，既有正确率排名，也有次数排名。主要展示的基本信息包括题库名称、题库级别、发布时间、总题数、题目信息、当前考试状态、错题整理、题库发布时间、参与人数、题库总完成度、平均正确率等各项信息（见图10-52）。题库分为考试模式和练习模式两种模式。题库按照标准化因子设置三级难度：容易、较困难、困难，可以选择不同模式和难易程度进行练习或者考试，并且每题都可查看答案。在一次次数据的展示中，辅导员会不断地加深记忆，精准地记住每个学生的容貌、特征、校园成长状态，在后续的各项工作中，真正实现师生的双向奔赴。

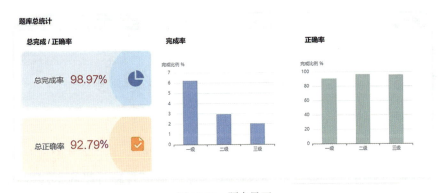

图 10-52　题库界面

模块采用排名制（见图10-53）激发辅导员的成就感，同时将记忆错误学生提交到谈心谈话系统，提醒辅导员加强谈话和了解，不断助力实现师生双向奔赴，实现数字赋能，精准思政。

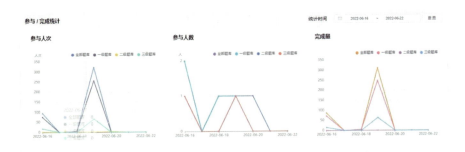

图 10-53　答题排名界面

　　学习任务模块中，平台选择了部分跟学生思想政治教育相关的重要讲话、文件精神等，提醒辅导员学习，每完成一次学习，可以进行相应的积分（见图 10-54）。

图 10-54　学习任务界面

　　每名辅导员可以看到自己的总积分，包括学习任务、实践任务等各块的积分，也可以看到自己在学校的总排名和分类排名（见图 10-55）。

　　以管理员身份登录后，首先可以看到整体辅导员的积分排名，可以查看我爱记学生模块中完成的题库情况，还可以查看谈心谈话的具体情况。比如点击某个凭证，可以看到具体内容。在任务审核列表中可以进行各项任务的审核，或设定系统自动审核。

　　实践任务模块涵盖辅导员职能模块的各项任务（见图 10-56）。以辅导员常规的谈心谈话功能为例，系统对接学工系统后台学生大数据，根据浙江理工大学学生事务谈话详细清单，设有提醒功能，精准提醒辅导员必谈学生。此外，当我爱记学生模块中的答题错误率达到 50% 时，系统会自动将错答学生归入需要谈话提醒的名单中。

图 10-55　个人排名统计界面

图 10-56　实践任务界面

　　个人成长模块涵盖了辅导员在校期间在科研、教学、人事等方面的成长状态，联通人事、教学、科研部门的所有数据，实时跟踪辅导员职称评审状态，提醒辅导员目前已经满足哪些评审条件，还需补充哪方面的材料等（见图 10-57）。

图 10-57　个人成长界面

智慧思政

高校思想政治教育新图景

第十一章　功能图景：
高校智慧思政预测与预警

第一节　智慧化识别

人工智能识别技术是指通过计算机、照相机、扫描仪等设备，自动获取并识别出目标指令、数据等信息的技术手段。人工智能识别技术以识别对象的生命特征为依据，可分为两大类，即无生命识别与有生命识别。

无生命识别技术是与人体生命特征无关的技术，主要包含智能卡、条形码、射频等识别技术。智能卡识别技术主要依托集成电路板组成的卡片；条形码识别技术目前主要包含一维和二维码识别技术；射频识别技术则主要基于无线电磁波电信号的传送以及标签识别技术。

有生命识别技术则与人体生命特征存在较强的关联，目前主流的技术包括指纹识别、人脸识别、虹膜识别、语音识别等。指纹识别技术主要是通过对展开后的人体指纹进行智能识别，找到指纹归属人；人脸识别技术是通过对人脸结构特征进行智能识别，从而确认被检验者的身份；虹膜识别是通过虹膜的特征识别判断人员身份；语音识别技术则通过对被识别者的语音分析判断人员身份。

智慧化识别技术的应用非常广泛，在智慧思政领域主要有以下几个使用场景。

①身份识别。浙江省智慧思政平台通过调用微信身份验证接口，通过微信二维码扫描的方式实现用户的身份识别与登录验证。

②语音识别。浙江省智慧思政平台提供的辅导员谈心谈话功能为了方便辅导员快速录入谈话内容，在手机端进行谈心谈话登记时，用户可以直接通过语音识别的方式将语音转化成文字，从而极大地提高了录入的便捷性。

③二维码识别。浙江省智慧思政平台开设了线上心理援助功能，并对因心理问题需要就医的病例以平台和医院认可的联络单形式进行心理援助转介。凡经平台专家评估符合转介条件的患者都可以在平台生成下载联络单，合作医院的分诊台的工作人员根据联络单上的二维码进行授权识别，进而进行挂号分诊。

④其他识别形式。浙江省级智慧平台在推进校本化特色应用时，各试点高校在寝室就寝、上课考勤、运动打卡等场合广泛使用了人脸识别、定位识别、动作识别等技术。

第二节　智慧化协同

"开放与整合"已成为目前信息化发展的主要方向。通过有效协同打破了单个应用的局限性，从底层出发，通过跨业务、跨数据、跨平台的方式，强化了系统动态拓展的能力，进而使得业务、管理、决策实现有效融合，使平台转化成具有较强生命力的智慧化平台。能力已经成为系统智慧化的重要标志。

"协同"的方式包含数据协同、人员协同、业务协同、资源协同等，智慧协同的综合体系包含管理、流程、决策的智慧化，并面向管理层、执行层、决策层提供一整套实用智能的管理工具，从而激发团队效能，达到管理、业务、决策的一体化高度协同，使得核心竞争力得到显著增强。智慧管理通过自定义业务解决了管理的持续性、有效性问题；智慧流程则解决了执行层的高效化、规范化协作问题；智慧决策则通过可视化图表的方式解决了科学化、精准化决策问题。

智慧化协同对于提升思政信息化的智能特性具有重要意义，在智慧思政实践中，智慧化协同主要涉及以下几个场景。

①决策协同。通过对谈心谈话及心理援助记录的分析，挖掘当前意识形态聚焦点、学生热点问题、辅导员工作困惑、心理问题态势、心理育人难点等，进而为教育厅开展专题培训以及浙里有约提供一线的问题和培训的主题。

②数据协同。浙江省智慧思政平台通过浙江省数改办的数据魔方实现学生数据的协同，并通过数据交换接口的形式，实现校内应用与省级智慧平台的打通，实现辅导员数据、学生数据、谈心谈话等数据的同步更新。

③人员协同。浙江省智慧思政的心理援助应用，通过在线发起援助、专家咨询、医院转介，实现高校心理教师、辅导员、医院专业医生、相关学生与家长之间的多方人员协同。

④管理协同。浙江省智慧思政平台的督查督办应用对各类业务及线下思政业务的开展情况进行线上发布、线上办理、线上督办。对超时未办理的业务会自动通过短信、语音电话等形式进行督办，从而推进教育厅各项工作的快速响应、快速落地。

第三节　智慧化辅助

智慧化辅助是在现代信息技术和智能化手段的支持下，辅助人们完成某项任务或活动的过程。智慧化辅助技术包括人工智能、大数据分析、云计算、物联网等技术手段，可以帮助人们更高效地完成工作、提高工作质量和效率。比如辅助诊断、辅助客服、辅助驾驶等。

智慧化辅助在智慧思政建设中具有广泛的应用场景。比如：①辅助沟通。浙江省思政平台通过对谈心谈话大数据的分析，针对不同谈话主题、谈话场所、谈话对象，构建谈心谈话知识库，为辅导员开展谈心谈话提供智能辅助和指导。②辅助诊断。智慧思政平台通过对心理测评数据、心理咨询情况、心理援助记录等数据进行深入分析，构建典型的心理案例及专家咨询意见，从而实现高校心理教师或辅导员在发起心理援助请求时，就能收到系统自动推送的相似案例，以辅助高校心理教师或辅导员更好地开展前期心理干预。

第四节　智慧化分析

智慧化分析是指通过数据抽象、模式识别、统计分析、机器学习等数据分析方法发现大数据隐藏的内在规律。智慧化数据分析在实际应用中发挥智能助手的作用，能通过信息的综合分析和提取，辅助科学决策，从而有效提升工作效率。智慧化数据分析方法从数据处置方法出发可以分为两种类型：一类是数据挖掘，主要涉及从数据中分析并抽取相关知识，从而有效支持业务管理和趋势预测；另一类是数据抽象，主要实现数据的智能化处理，将数据包含的内在关联知识通过可视化、符号化的形式进行展示。

思政领域的智慧化分析场景非常广泛，例如：①生情研判。通过对浙江省谈心谈话的内容进行加工、分析、挖掘，获取全省高校学生的情况动向。②心理状态分析。可以通过心理测试、心理月报、心理咨询等数据对全省高校学生的心理问题、危机等进行综合分析研判。③心理预测。基于历史心理测试、援助数据，对全省高校学生的心理问题发展趋势进行预判。④行为分析。在校本化应用中，各个高校可以通过请假、考勤、门禁等数据分析该生和哪些同学一起外出，通过校园一卡通消费、门禁等数据，结合性别元素，可以判断学生的合群情况。又如，利用运动打卡、图书借阅等数据，可以分析学生的兴趣爱好。

第十二章　技术图景：
高校智慧思政数据与算法

　　高校思政智慧化主要是通过对各类思政相关数据的深入分析来实现，高校思政数据分析主要步骤有数据采集、数据清洗、数据转换、数学建模、算法调用、结果应用、数据评价等。在数据分析之前，先要明确数据分析的目的。例如，我们对谈心谈话数据进行分析，是要分析辅导员工作落实情况，还是要分析一个时间段内的学生思想动态。也就是说，明确数据分析的目的是进行数据分析的第一步，也是非常重要的一步。清楚地了解数据分析的目的，可以更加准确地理解分析结果，从而更好地应用这些结果进行决策。

　　数据分析一般有以下三个作用。

　　①描述作用。数据分析可以帮助我们了解数据的基本特征和趋势。通过数据分析，我们可以对数据进行统计描述、探索性分析和数据可视化，了解数据的分布、中心趋势、离散程度、异常值等特征，从而形成对数据的整体认识。

　　②推断作用。数据分析可以帮助我们推断总体数据的特征和趋势。通过数据分析，我们可以使用统计方法对样本数据进行推断，如参数估计、假设检验等方法，从而得到总体数据的估计值、置信区间、假设检验结论等。

　　③预测作用。数据分析可以帮助我们对未来进行预测，可以使用时间序列分析、回归分析、机器学习等方法建立模型对未来数据进行预测，从而为决策提供参考和支持。例如，可以通过历史谈心谈话数据来预测

接下来这段时间学生的思想动态及热点趋势。

这三个作用相互关联，同时也相互依赖。描述作用为推断作用和预测作用提供了基础数据，推断作用为预测作用提供了模型和方法，而预测作用则为决策提供了指导和支持。因此，数据分析在实际应用中往往需要综合考虑这三个作用，并根据具体问题和需求进行选择和使用。

接下来将详细介绍智慧思政实践过程中的几个重要环节。

第一节　思政数据采集

数据采集是收集原始数据并将其存储在特定的数据仓库或数据中心，供后续的数据分析和处理的过程。数据采集的过程可以通过手动输入数据、自动从其他系统中获取数据、传感器采集数据等方式来实现。在大数据时代，数据越来越多样化、数据类型也变得纷繁复杂，一般可以把数据类型分为结构化数据、半结构化数据以及非结构化数据等三大类。结构化数据指具有显著模式的数据，例如关系数据库、XML（可拓展置标语言）文档等。非结构化数据一般指结构不规则、不完整的数据，数据模型不健全等，包括所有格式的办公文档、图片、音频、视频等信息形式。

数据采集是大数据分析的重要前提，只有采集到高质量、完整的数据，才能进行有意义的数据分析和洞察。数据采集有以下三大要点。

①全面性。数据量足够具有分析价值、数据面足够支撑分析需求。比如对于"学生学习状态"这一数据，需要采集学生请假、考勤、成绩、图书借阅、第二课堂等数据，最后通过多方面数据对学生学习状态进行综合分析。

②多维性。数据最重要的是能满足分析需求，能够灵活、快速自定义数据的多种属性和不同类型，满足不同的分析目标。比如"奖学金评定"需要通过学习成绩、班团任职、学科竞赛、科研、学生荣誉、违规违纪等多个维度对学生是否符合条件进行筛查和排名。

③高效性。数据采集的高效性是指在保证数据质量的前提下，尽可能地减少数据采集的时间和成本，以提高数据采集的效率。在开始数据采集之前，明确数据采集的目的和需求，以便更加有针对性地进行采集，减少不必要的数据采集。设计详细的数据采集计划和流程（包括数据来源、采集方式、数据格式等），可以有效避免重复采集和遗漏采集的情况，提高采集效率。采用多种数据采集方式（如在线问卷调查、数据抓取、人工录入等）提高数据采集效率和质量。

智慧思政的数据采集范围非常广泛。目前浙江省平台的数据采集主要涵盖人员数据以及业务数据，前者包含高校学生信息、辅导员信息、心理教师信息、思政教师信息等数据，后者包含思政课程、思想教育、心理健康等领域的业务数据。高校校本化的思政类应用需要采集的数据主要包括：招生档案、个人基础信息、学籍信息、家校联系记录、消费数据等基础信息；入学档案、心理测评数据、谈心谈话、奖勤助贷、学生干部、志愿服务等成长记录类数据；请假、考勤、成绩、获奖情况、图书借阅记录、学籍异动、学籍预警等学业相关类数据；职业规划、职业测评、应聘记录、各类证书、兼职记录、实习记录、讲座报名记录等职业发展类数据。

第二节　思政数据清洗

思政数据清洗是指发现并纠正与育人相关的各类数据中可识别的错误的重要程序，包括处理数据缺失、无效数据，以及数据一致性检查等。思政数据往往需要从多个业务系统中抽取而来，而且包含海量历史数据，具有范围广、数据量大、来源多、数据类型复杂等特点，导致这些原始数据避免不了存在错误数据、冗余数据、残缺数据、无效数据，这些数据会导致数据分析异常或者结果不准确。因此，在进行数据分析之前，必须进行一次全面彻底的数据清洗工作。数据清洗的范围主要涉及残缺数据、错误数据、重复数据这三大类。

残缺数据主要包含必要信息的缺失，如学号对应的姓名缺失、班级信息缺失、请假时间缺失、学生奖励表中的学号与学生基本信息主表的学生不能匹配等。对于这一类过滤出来的数据，按缺失的内容进行人工或者技术手段补全，不能补全的，需要丢弃。

错误数据主要是因为业务系统不够完善，导致数据录入、采集过程中缺乏必要的数据验证，从而将问题数据直接写入数据库造成的。比如手机号码位数不对、数字的全角问题、家庭住址中存在空格、多余的回车键、日期格式不正确、身份证号码位数不对等问题。根据不同数据类型，可以采用不同的清洗方法。对于类似于全角字符、数据前后有不可见字符的问题，可采用结构化标准查询语言识别，并建立映射表进行修正；对于日期格式导致的错误要对日期数据进行修正、补全操作，避免因此导致后期数据分析失效。

重复数据一般指数据库中存储的属性值完全相同的数据记录，需要通过记录间的属性值比对来检测记录是否重复，将重复的记录进行数据合并，或者将重复记录清除。

第三节　思政数据转换

思政数据转换就是通过清理、合并、整合等处理方法，有效改变数据的表现形式，从而实现不同的数据在语义上保持一致。数据转换的常见方式有类型转换、值域转换、数据拆分、行列转换、语义转换、粒度转换、数据离散化、数据压缩等，可以根据高校思政数据的特点以及分析的目标进行相应处理。

①数据类型转换。数据来源不同，不同类型的数据源兼容性有差异会导致应用出错，需要对异构数据源的数据类型按一定标准进行转换，使其成为相互兼容的数据类型。例如成绩数据，有些是字符型、有些是整型、有些是浮点型，通常需要统一为精度一致的浮点型。

②数据语义转换。传统基于第三范式的数据仓库中通常存在事实

表、维度表等，结合维度表可以对事实表中的字段进行语义上的解析。例如学生请假状态为 0、1、2、3，其分别代表待审批、已审批、已通过、拒绝，为明确语义，需要将数字编码转化为文字形式。

③数据粒度转换。业务系统一般存储基于时间戳的明细数据，通常不需要非常明细的数据。对重要的数据进行深入分析一般会将业务系统数据根据不同的粒度进行聚合操作。

④表和数据拆分。某些字段可能存储较为复杂的数据信息，例如学生寝室信息为"清乐园 3 号楼 301 室 3 床"，我们需要将数据按园区、楼宇、房间、床号拆分成四个数据，以此来满足数据聚合过程中的多粒度需求。

⑤行列转换。某些情况下，数据表内的行列数据会按照需要进行转置处理，例如原始成绩表为学号、高数成绩、大学语文成绩、程序设计成绩、软件工程成绩，需要转化为学号、课程名称、成绩。

⑥数据离散化。数据离散化通常是指将连续取值的数据离散化成若干数据区间，以有效降低数据的取值范围。例如为了便于就业数据的统计，一般会把毕业生的收入数据情况划分为：0—2000 元、2001—4000元、4001—6000 元、6001—10000 元、10001—20000 元、大于 20000 元，或者在此数据划分的基础上采用 1 至 6 共六个等级数字来表示。

⑦数据标准化。不同字段间通常会由于字段自身内在的含义不同，存在不同程度的数值差异性，在使用之前需要有效消除变量之间的这种差异性。例如，对学生的体育运动时长进行离散化处理，以消除由时长之间的量级关系导致的多列无法进行复合计算的问题。数据标准化处理的方法也可以消除因较高的数值属性对聚类结果产生的影响。

⑧提炼新字段。很多情况下，需要基于业务规则提取新的字段，这些字段也称为复合字段。这些字段通常都是基于单一字段产生的，但需要进行复合运算甚至复杂算法模型才能得到新的指标，例如通过学生课题、学科竞赛、论文、专利等获取学生创新能力量化数值。

⑨属性构造。有些建模过程中，也会需要根据已有的属性集构造新的属性。例如，几乎所有的机器学习都会将样本分为训练集、测试集、

验证集三类，那么数据集的分类就属于需要新构建的属性。

以上所述的都是面向简单数据类型的常规的转化方法。然而很多思政相关的数据，例如辅导员谈心谈话数据、帖子内容、反馈文字评价、心理咨询描述、课堂视频监控、家校联系通话记录等都是以非结构化的方式存储的，这些非结构化的信息既包含语音、视频等流式文件，也包含图片、文本文件等。对于语音及视频文件中的语音信息，通常需要进行语音转文字操作，同时根据需要还可以进行语音情感识别；对于视频数据，可以采取对象提取、内容比对、特征标注、轨迹分析、行为识别等转换操作；文本型数据的使用比较广泛，通常需要通过文本挖掘技术，从大量文本数据中抽取事先未知的可理解的、最终可用的知识，其过程通常包含分词、信息抽取、文本过滤、向量空间、关键词提取、主旨话题分析、观点情感分析、无效及敏感信息监测、文本相似度、命名实体识别、文本摘要、词频统计、主题模型合并等深度加工。

第四节　分析算法选择

数据挖掘算法是大数据分析的理论核心，通过把各种相应的数据挖掘算法运用到不同的数据类型和格式中，从而发现数据自身内涵的规律。通常会根据数据分析的目的，结合数据的特点及质量、算法效率等选择合适的算法。在实践过程中，单一的算法往往并不能满足实际的需求，需要调用多种算法进行综合分析，才能达到目的。

①数据分类算法。分类属于预测任务，就是通过对已有数据集（训练集）的学习，得到一个目标函数 f（模型），把每个属性集 x 映射到目标属性 y（类），且 y 必须是离散的（若 y 为连续的，则属于回归算法）。常见算法有：逻辑回归分类、朴素贝叶斯、Xgboost 分类、贝叶斯网络分类、BP 神经网络分类、随机森林分类、支持向量机分类、CART ID3 分类、C45+ 决策树分类、梯度提升决策树分类、L1/2 稀疏迭代分类、RBF 神经网络分类、KNN、线性判别分类、Adaboost 分类、Bagging

分类、DNN 分类等。例如，生成学生画像时可以采用此类算法。

②回归算法。回归是最常用的数值预测方法，它通常通过对自变量和因变量之间内涵的关系进行深入分析，建立它们之间的回归方程，并将该回归方程作为新的数据预测模型，根据自变量在预测期的数量变化来预测因变量的值。例如，我们通过谈心谈话历史数据预测学生近期的思想动态，可以使用此类算法，包含线性回归、决策树回归、SVM 回归、梯度提升树回归、BP 神经网络回归、顺序回归、曲线回归、随机森林回归、L1/2 稀疏迭代回归、Bagging 回归、 DNN 回归、LSTM 回归等方法。

③聚类算法。该方法一般根据数据描述对象及其关系的内置信息，对数据对象进行有效分组。其目标是使组内的对象相互之间是相似的（相关的），而不同组中的对象是不同的（不相关的）。具体包含逻辑回归分类、朴素贝叶斯、Xgboost 分类、贝叶斯网络分类、BP 神经网络分类、随机森林分类、支持向量机分类、CART ID3 分类、C45+ 决策树分类、梯度提升决策树分类、L1/2 稀疏迭代分类、RBF 神经网络分类、KNN、线性判别分类、Adaboost 分类、Bagging 分类、DNN 分类等方法。例如，挖掘谈心谈话主题时可以采用此类算法。

④关联规则。关联是指在关系数据或其他非结构化信息载体中，通过分析查找数据集合或对象集合之间的频繁度、关联关系、相关度或因果关系等。例如，根据历史就业数据可以向应届毕业生智能推荐新岗位，常用算法有 Apriori、FPGrowth、序列等。

其他常用的大数据综合分析算法还有综合分析算法，主要包含综合评价算法以及统计分析算法两大类。综合评价算法是使用比较系统的、规范的方法对多个指标、多个单位同时进行评价的方法，包括熵值法、TOPSIS 层次分析法、模糊综合评价法。统计分析算法是对通过调查获取的各种数据及资料进行数理统计和分析，形成定性和定量的结论，包括方差分析、相关系数、典型相关分析、偏向相关分析、相似度、描述数据特征、概率单位回归等。

第五节　分析结果应用

不管大数据被应用于哪个行业，其根本目的都是利用过去或者现在已知的数据进行分析得到一个结果，并利用结果预测未来的可能性，提前做好预案，以规避不良后果的发生，或者将损失降到最低。智慧思政分析结果通常可以应用到以下几个方面。

①信息获取和知识发现。在提到大数据分析的时候大多数人首先想到的就是信息获取，大数据分析通常使用全部数据来代替抽样数据，并能保证在数据混杂的情况下分析得出结论，另外大数据分析用于知识发现过程更注重的是相关关系，不强调因果间的联系，往往可以通过大数据分析获取之前无法预估的现象、结论。

②辅助决策。现在很多高校、教育主管部门，都会通过大数据分析来辅助决策，比如根据对全省辅导员个人信息的分析以及学生生情的研判来确定全省辅导员培训的主题，又如通过对心理测评、心理咨询、心理援助等数据的分析来决定下一阶段各高校心理干预的重点及举措，所有这些都是用大数据分析结论来辅助决策的。

③提升育人能力。根据辅导员谈心谈话主题，系统自动推送谈心谈话要点；根据心理援助案例，自动推送典型案例以供参考；根据学生在校状态及过程数据，自动实现心理问题预警，以便辅导员或者心理教师及时介入等。

第十三章　应用图景：
高校智慧思政场景与发展

　　浙江省未来几年的智慧思政建设将立足"1+4+N"建设基础，围绕队伍管理、队伍发展等主责主业的深层次、系统化的信息化建设，构建以"六大中心"为核心的浙江省智慧思政综合系统。

　　"发展中心"主要解决思政队伍的管理问题，实现辅导员队伍、心理教师、思政教师等人群的综合管理。

　　"培训中心"主要实现辅导员骨干培训、辅导员心理助人能力认证、辅导员素质能力大赛等各类培训的报名、组织、管理、认证、电子证书发放等功能。

　　"考试中心"主要服务浙江省教育厅思政相关测试、考核的需求，实现题库建设、智能组卷、自主练习、专业测试等功能。

　　"资源中心"主要是实现全省各类思政资源的共享，建设以课件、视频、案例为主的资料共享库，以思政名师、浙里有约等为主的人才共享库，以各类高校场馆、讲座等为主的线下资源库，以各高校智慧思政应用的展示分享为主的高校特色应用超市。

　　"工作中心"主要是为思政工作的主责主业保驾护航，主要包含辅导员谈心谈话、心理健康数据上报、心理援助中心、督查督办等各类综合应用。

　　"接口中心"主要是为各类思政核心数据制定数据标准以及接口规范，提供接口调用与应用接入的在线申请、审核、配置、授权验证及各类核心接口的开发、维护、升级功能。

浙江省正以上述"六大中心"为基础构建围绕辅导员的素质提升体系、围绕人事物的共建共享体系和围绕数据的智慧化赋能体系。

第一节　围绕辅导员构建素质提升体系

一、辅导员能力层次

辅导员是指承担高校大学生思想政治教育，通过学生日常管理、职业规划引导、班团建设、心理健康教育等工作，达到育人目的的学校公职人员。辅导员的组成与专业教师最大的不同点在于大多辅导员岗位没有特定的专业要求，同时辅导员的职业能力不是与生俱来的，而是需要通过长期的综合学习、工作实践、总结研究才能不断成长，从辅导员能力成长的维度上我们可以将其分为基础能力、专业能力和核心能力。

（一）辅导员的基础能力与素养

作为高校辅导员，需要具备教育理论知识、沟通和协调能力、倾听和解决问题的能力、情感支持能力、创新和学习能力等多方面的基础能力，为学生提供更加优质和专业的服务和支持，促进学生的成长和发展。

辅导员需要具备一定的教育理论知识，包括教育心理学、教育学等相关学科的基本理论知识。这些知识可以帮助辅导员更好地理解学生的需求和问题，了解学生的心理和行为特点，为学生提供更加科学和有效的帮助和支持。同时，辅导员还需要不断学习和更新自己的理论知识，以适应不断变化的教育环境和学生需求。

辅导员需要具备良好的沟通和协调能力，能够与学生、教师、家长和其他部门进行有效的沟通和协调。在与学生沟通时，辅导员需要倾听学生的声音和反馈，理解学生的需求和问题，与学生建立起互信互谅的良好关系。在与其他部门和人员协调时，辅导员需要能够充分了解各方需求，以促进各方之间的合作。

辅导员需要具备倾听和解决问题的能力，能够积极倾听学生的心声和反馈，了解学生的问题和需求，并提供适当的解决方案和支持。同时，辅导员需要具备解决问题的能力，能够分析和处理学生遇到的问题，并提供适当的解决方案，以促进学生的成长和发展。

辅导员需要具备情感支持能力，能够关注学生的情感需求，提供心理支持和帮助，以促进学生的情感健康和稳定。在与学生沟通和交流时，辅导员需要具备亲和力和同理心，了解学生的情感状况，为学生提供心理支持和帮助。

辅导员需要具备创新和学习能力，能够不断创新工作方式和方法，提高工作效率和质量，同时不断学习和更新自己的知识和技能，以适应不断变化的教育环境和学生需求。辅导员需要积极参加各种学习和培训活动，掌握新的知识和技能。提高基础素养是辅导员必须具有的关键能力和必备品质，辅导员的基础素养对大学生思想政治教育工作发挥着不可替代的重要作用，对于学生的全面发展和成长成才具有积极的促进作用。

在新时代背景下，辅导员要树立终身学习的理念，不断提升自己的政治素养、道德素养、职业素养、文化素养、心理素养等综合素养，并将其内化到思想政治教育工作中，从而不断提升育人能力和育人水平，培养新时代德才兼备全面发展的高素质人才。

①政治素养。政治素养是辅导员必须具备的重要核心素养，政治过硬是高校辅导员众多素养中最为主要的要求，包含政治分辨能力、政治敏感度等。辅导员是高校思想教育的主要群体，坚定鲜明的政治立场是辅导员工作的基本，也是辅导员自身修养的内在要求。

②道德素养。辅导员肩负重要的育人职责，是高校中与学生最贴近，也是学生最为信赖的一线工作人员，辅导员的言行和价值观对学生的健康成长起到至关重要的作用。

③职业素养。思想理论教育和价值引领、学风建设、学生日常事务管理、党员和班级建设、心理健康教育与咨询、网络思想政治教育、就业创业指导、校园危机事件应对、理论与实践研究等九个方面是辅导员工作的重要核心职责，对辅导员的职业素养也要围绕以上几个目标进行

培养，使辅导员能适应这一职业性、综合性极强的工作。职业素养既是辅导员的基本责任，也是辅导员个人职业发展的基础和重要保证。

④文化素养。文化素养直接决定了辅导员的个人内涵及外在表现，对辅导员的影响力起到重要作用，辅导员自身的文化素养直接决定学生对辅导员的信赖感和崇拜感，辅导员应具备心理学、教育学，以及其他自然科学、社会科学等各方面的知识，从而与学生有更多的共同语言，促进彼此的心理沟通。

⑤心理素养。辅导员工作压力大，往往会面临很多突发事件，因此辅导员应具备较强的心理素质。要胜任辅导员工作，使得自身的工作发挥更大的效能，辅导员需要具备强烈的责任感、事业心，以及良好的情感品质和创新的意识。

（二）辅导员的专业能力

2014 年，教育部出台的《高等学校辅导员职业能力标准（暂行）》对辅导员的职业能力进行了较为具体的阐述。该文件对辅导员职业专业知识的要求包括思想政治教育专业基本理论、基本知识、基本方法，马克思主义中国化相关理论及知识，以及大学生思想政治教育工作实务相关知识三大块。其中，大学生思想政治教育工作事务相关知识的范围涉及党的创新理论教育相关知识，大学生党团、班级建设的相关知识，职业生涯规划与就业指导相关知识，困难资助、奖罚管理等学生日常事务管理内容、知识，校园文化建设、社会实践等学生日常思想政治教育的知识，网络思想政治教育相关知识，危机事件、突发事件应对与管控的相关知识。这些要求与辅导员日常具体工作有着密切联系，对于提高辅导员专业能力，使其成为某一或某几个领域的专家具有极强的指导作用。

（三）辅导员的核心能力

核心能力一般是指高校辅导员在开展工作中根据自身的职业角色、工作职责，为了完成复杂的育人目标、胜任辅导员岗位所必须具备的最为重要的工作能力，该能力在辅导员各项能力处于最为核心的位置。

辅导员的核心能力涵盖教学、科研、育人三个方面的能力。

辅导员、思政人员、心理教师往往是高校思想政治课、心理辅导课、职业生涯规划课程的核心力量，和其他专业老师一样，需要探索教学规律、总结教学经验、提升教学能力。教学能力是指高校辅导员在教学过程中所应具备的各种能力和素质，包括教学设计和教学技能、有针对性的教学计划和教学内容、不同的教学方法和手段等。高校辅导员需要具备制定教学计划和设计教学内容的能力，这需要其对学生的学习需求和学习习惯进行深入的研究和分析，针对不同的学生群体制定教学方案，包括教学目标、教学内容、教学方法和评估方法等。辅导员需要掌握多种教学技能，包括讲授、案例分析、实践操作等，根据不同的教学目标和内容选用不同的教学方法和手段，使学生在学习中能够更加主动、积极地参与进来，从而更好地掌握所学知识和技能。

教育部 2014 年出台的《高等学校辅导员职业能力标准（暂行）》对辅导员在理论与实践研究方面做了明确要求，科研能力成为辅导员的重要职业能力之一，2017 年 8 月，教育部新修订的《普通高等学校辅导员队伍建设规定》则将"努力学习思想政治教育的基本理论和相关学科知识，参加相关学科领域学术交流活动，参与校内外思想政治教育课题或项目研究"作为辅导员九大主要工作职责中的一条。由此可见，科研能力培养无论对助力辅导员的自身成长，还是对推动高校辅导员队伍整体素质的提升都具有极其重要的作用。辅导员的科研能力包括科研思维和方法、科研项目的申报和执行、学术论文的撰写和发表、学术交流和合作等方面的能力。

育人能力是指高校辅导员在指导和帮助学生成长方面所具备的各种能力和素质，辅导员是综合育人的主要力量，需要具备综合的育人能力，育人能力包含思想教育与政治引导能力、学生学习与发展的深度辅导能力、情感交流与人际沟通能力、心理辅导与职业规划能力方面的能力。思想教育与政治引导能力是高校辅导员的重要能力之一，它是指辅导员通过各种形式的教育和引导，帮助学生树立正确的世界观、人生观和价值观，提高学生的思想政治素质。辅导员需要具备情感交流的能力，能够与学生建立良好的师生关系，关注学生的心理健康和生活情况，帮助学生解决问题；需要具备心理辅导的能力，能够对学生的心理问题进行有效的识别和干预；需要具备职业规划的能力，能够引导学生进行职业规划和发展，提供职业咨询和指导，帮助学生确定个人发展目标和计划。

二、辅导员能力赋能体系

围绕辅导员的三个层次的能力（基础能力、专业能力、核心能力），运用数据采集、专题培训、自主学习、名师引领、同行互助、资源供给、智能画像、纵横比较等方式，构建包括个人成长档案、基础能力赋能平台、专业能力赋能、核心能力赋能在内的科学赋能体系，进而为推进辅导员、思政教师、心理教师等思政人员的整体能力提升打下基础（见图 13-1）。

核心能力	教学能力	科研能力	育人能力			智慧思政工作台	
专业能力	思政教育	班团建设	学业引导	日常事务	案例分享 浙里潮声 浙里名师	交流发展中心
	心理助人	网络思政	危机应对	理论实践		
基础能力	表述能力	组织能力	沟通能力	观察能力	专项培训 专业证书 岗前培训	培训考试中心
	分析能力	教育能力	执行能力	自学能力		
基础素养	政治素养	道德素养	职业素养		微视频 案例库 资料库	资源共享中心
	学习素养	文化素养	心理素养			
成长档案	基本信息	工作经历	教育经历	培训经历	教学经历	榜样示范 认知定位 画像生成 信息采集	个人成长中心
	能力证书	奖励表彰	科研经历	学术论文	学术著作		
	竞赛参与	谈心谈话	心理育人	活动交流	案例分享		

图 13-1　辅导员能力发展提升体系

（一）个人成长中心

个人成长中心是主要面向全省辅导员、心理教师、思政课教师，实现其个人基础信息以及各类成长记录上报、审核、汇总、分析的基础信息集成中心（见图 13-2）。平台上的核心信息包含阶段性成果记录和过程性成长记录，前者包含教育经历、工作经历、学习培训经历、教学经历、科研经历、学术论文、学术著作、奖励表彰等信息，这些信息通常是由本人分阶段进行总结上报，后者则是通过平台各业务系统自动采集的，例如辅导员能力大赛、年度人物评选等竞赛参与数据、辅导员谈心谈话数据、心理援助数据、浙里有约的活动交流记录、辅导员在平台分享的各类案例、视频等资源，并据此生成辅导员个人画像，便于辅导员对自己的能力有理性的感知。此外，通过教学能力、科研能力等综合分析并结合谈话之星、案例分享之星、活动之星等专项评比，使辅导员对个人各项综合能力在全省辅导员队伍中的排名有感性认知，有助于明确自身定位和努力方向。

图 13-2　辅导员个人成长中心首页

（二）学习培训中心

学习培训中心（见图 13-3）主要解决思政队伍发展过程中各类培训的组织管理问题，具体涉及培训点管理、培训项目管理、培训过程管理。其中培训项目涵盖辅导员上岗班培训、辅导员骨干培训、辅导员专题培训、辅导员职业能力大赛等。线上培训中心将为辅导员指明成长路径，提高培训报名便捷性。

学习培训中心还可以提供应对多场景下的学习考试业务，满足辅导员心理测试、辅导员大赛笔试的业务需求，提供题库维护、自动组卷、线上自测、在线考试等重要功能。同时提供各类培训证书的制作、审核、发放、下载等功能，辅导员及用人单位可在线查询验证证书的真伪。电子证书依托水印技术、电子公章技术、密钥技术实现证书的安全及防伪。

图 13-3　学习培训中心首页

（三）交流发展中心

交流是辅导员成长的重要途径。通过搭建校内校际的交流平台（见图 13-4），实现同事之间、同行之间的交流，尤其是得到名师专家的指导。从交流的形式上看，主要有以下几种交流模式。

图 13-4　交流发展中心首页

①浙里有约。围绕辅导员队伍中的佼佼者和业务专家，组织开展讲座、沙龙、参访、研学等各类线上线下活动，提升自身能力。

②案例与经验分享。通过辅导员百问微视频制作分享、辅导员案例分享、辅导员交流社区等实现多形式跨领域的线上交流，快速实现知识迁移与经验内化。

③各类技能大赛。通过各类辅导员技能大赛，同台竞技，寻找差距，取长补短，不断提升专业能力。

（四）资源共享中心

资源共享中心从自学和培训两个维度有力地促进辅导员个人的成长。构建省级、校级层面的资源共享中心为辅导员成长提供了辅助平台（见图13-5）。

图13-5　资源共享中心首页

从格式上看，该平台支持音视频、图片、文档、程序包、压缩包等类型文件的浏览与分享。

从内容上看，该平台涵盖心理育人专题、精品项目、案例库、软件应用、在线育人书籍、育人微视频、育人系列讲座等思政资源。

从类型上看，该平台分线上资源和线下资源，其中线下资源包含各高校内的博物馆、展览馆、心理中心、讲座等，以及省市县各类公共图书馆、体育场馆、影院、剧场、展览馆等，为高校思政交流提供共享空间。

第二节 围绕人事物构建共建共享体系

信息化是对线下业务的重构再造，其核心对象就是人、事、物。人的工作主要涉及人的管理以及人的发展，通过辅导员能力赋能体系，使思政主体对象各项能力获得综合提升。围绕事的工作主要实现业务的便捷化、智能化，教育主管部门要对核心、通用的业务进行提炼，制定标准规范，同时也可以提供公共的业务平台，同时通过示范、共建等方式，引导其他校本化业务系统的研究、落地与推广工作（见图 13-6）。

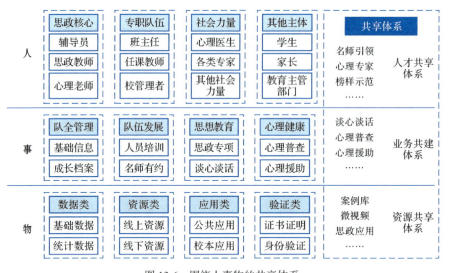

图 13-6 围绕人事物的共享体系

一、人才共享体系

为了强化高校思想政治工作，需要建设专职为主、专兼结合、数量充足、素质优良的思政教师队伍。

高校管理队伍在思想政治教育中发挥着重要的作用。高校管理队伍包括学校领导、各职能部门的主要负责人、各级管理人员，应当切实履行思想政治教育的主体责任，加强对学生的思想政治教育工作，营造良好的思想政治教育氛围。

思政课教师队伍主要指专职的思想政治课教师，引导学生增强中国特色社会主义道路自信、理论自信、制度自信、文化自信，用习近平新时代中国特色社会主义思想铸魂育人，厚植青年学生的爱国主义情怀，增强学生建设社会主义现代化强国、继承和发展中国特色社会主义事业、实现中华民族伟大复兴的责任感和使命感。

高校班主任承担班级管理和学生思想教育的重要工作，思想政治教育是其工作的重要方面。班主任既要注重教育，又要重视管理，加强班级规章制度的建设，引导学生遵守规矩，培养良好的行为习惯。班主任要通过各种途径，营造温馨和谐、互帮互助的班级氛围，增强班级凝聚力和向心力。

专任教师是高校教学中最核心的教学力量，他们在课堂上直接接触学生，承担了课程的教学任务，在教学过程中要深入推进课程思政，融入思想政治教育的内容，通过课程内容的渗透和导向，引导学生形成正确的世界观、人生观、价值观。

社会力量可以为高校思想政治教育提供支持。社会组织可以与高校合作，共同开展思想政治教育活动。例如，青年志愿者组织可以与高校合作，组织开展社会实践和志愿服务活动，培养学生的社会责任感和团队合作能力。社会知名人士和专家学者可以受邀到高校开设讲座、开展讨论和交流活动。社会力量可以为高校思想政治教育提供多元化的支持和资源，促进高校思想政治教育的深入开展。

思政队伍的共享体系能够实现人才、经验、能力等层面的共享体系，促进思政队伍整体力量、素质的有效提升，主要可通过以下几种模式实现人才共享。

①人才展示。实现各类人才的在线展示、示范，通过树立典型、为广大思政工作者明确个人职业发展目标，提升自身成长动力。人才展示范围可以是心理教育名师、思政课程名师、辅导员名师、网络教育名师、校外育人名师等。

②名师互动。"浙里有约"模式下，省校两级的名师通过线上平台实现活动发布、众筹预约、在线报名、线下活动参与分享，推动名师资源的盘活共享。

③专家共享。通过搭建各类在线专家平台，实现专家的直接共享，例如通过搭建在线心理援助平台，整合医院和高校的各类心理专家，实现在线心理疾病咨询，从而打破高校间心理专家力量不均衡的局面，有效实现了专家资源的高效共享。

④榜样示范。通过打通高校间的业务数据，尤其是思政人员成长数据，从工作经历、学习培训经历、教学经历、科研经历、学术论文、学术著作、奖励表彰等维度树立典型。例如可以设置谈心谈话之星、学术之星、下寝室之星等，从各业务细分维度树立典型，以小见大，见微知著，凸显辅导员日常工作成效。

⑤朋辈交流。通过辅导员专业能力量化分析、辅导员案例评比、辅导员百问微视频制作分享以及线上线下相结合等形式实现辅导员之间、同业务模块之间的深度交流。

二、业务共建体系

智慧思政建设过程中一定要抓住高校思想政治教育的主责主业，在进一步梳理挖掘思政工作相关核心业务内涵的基础上制定业务标准、流程规范，进而落实人员分工及职责体系。与思政工作相关的核心业务可以分为两类：第一类是与思政队伍自身管理和发展相关的业务；第二类是思想教育、心理健康等思政工作的核心业务。

思政队伍自身业务主要实现思政队伍个人基础信息以及各类成长记录的上报、审核、汇总、分析，其核心信息包括教育经历、工作经历、学习培训经历、教学经历、科研经历、学术论文、学术著作、奖励表彰等。在省校两级乃至国家管理层面的辅导员队伍管理和建设中，都会涉及以上信息的采集、核验、汇总，因此，由省级智慧平台牵头，制定统一的信息化标准，开发统一的信息采集、审核、上报平台，实现信息的定期规范采集，并保证数据的准确性和权威性，能够最大限度地实现数据共享，避免思政人员反复提交数据与验证。

思想教育与心理健康始终是思政工作的核心业务。省级层面需要主抓辅导员谈心谈话、心理健康数据上报、心理援助中心、督查督办等主干业务的功能迭代和技术升级，具体包括如下几个方面。

第一，谈心谈话是辅导员深入学生开展思想教育的主要形式，也是各高校辅导员开展工作的主要形式，制定省级谈心谈话信息化标准、开发省级谈心谈话平台，能够从根本上保障辅导员思想政治工作切实落地。

第二，心理普查是从面上掌握高校学生心理状态的一个重要手段，也是高校心理工作的重要组成部分。由省级层面牵头制定心理普查问卷规范及采集标准，进而开发统一的心理普查数据采集平台，有助于实现全省心理普查数据采集的实时性、准确性、科学性，并在此基础上实现普查基础信息的清洗、集成、校验、分析、汇总、可视化展示。

第三，心理危机是高校校园安全的重要影响因素，由省级智慧平台牵头整合医院和高校专家资源，实现在线心理援助，并根据初步诊断的必要性，打通医院专家号资源，实现实时转介以及整合资源，从整体上保障校园心理安全。

第四，督查督办是省校之间事务上传下达的重要途径，通过单向通知、附件通知、表单通知等形式，除了能够下达各类通知、消息，还能通过自定义群组、在线表单设计、表单发布、数据采集、数据验证、数据汇总、分析与下载，实现任务自动督办、转办、催办，以及数据的有效收集等功能。

三、资源共享体系

智慧思政建设的核心是资源，这些资源可以被分为数据类、资源类、应用类以及在线验证类资源。

数据类资源是智慧思政平台最具价值的资源，数据类资源包含各类人员数据、业务数据、统计数据等，这些数据可以通过省级智慧平台的业务系统进行收集，也可以由各高校根据省级智慧平台提供的统一标准或者统一接口进行上报、同步。反过来，省级智慧平台根据数据的使用范围、敏感性等原则，制定相应的数据共享规则，向各高校以及教育厅其他处室、其他政府职能部门提供数据共享服务。

资源类资源主要分线上和线下两类，线上资源主要包括心理育人学习视频、精品项目、案例库、专题学习资源等文档、音频、视频资源；线下资源则包含各高校内的博物馆、展览馆、心理中心等，以及省市县各类公共图书馆、体育场馆、影院、剧场、展览馆等，为思政人员提供开放、共享的空间。

应用类资源可以分为公共类和校本类，前者主要包含辅导员队伍及发展管理、谈心谈话、心理普查、心理援助、浙里有约等公共应用，后者包含具有共性和推广价值的校本化应用，通过省级智慧平台搭建的应用超市实现各类应用系统的展示、评论、交流、下载等功能，从而实现各类应用的共建共享。

在线验证类资源主要源自省级智慧平台。省级智慧平台的内容具备一定的权威性，因此可在此基础上进行信息的有效验证，主要包括对省级各类课题立项、培训证书、荣誉等的在线验证。由省级智慧平台收集已完成审核的各类辅导员基础信息及成长数据的验证可以直接通过省级智慧平台实现各类思政人员的身份验证，从而实现各类省级及校本信息化应用的统一身份验证。

第三节　围绕数据构建智慧化赋能体系

数据是智慧化的基础，提升智慧思政的赋能能力需要从数据分析、辅助、协同、识别等维度出发设计思政基础数据库，并在此基础上构建智慧分析、智慧辅助、智慧协同以及智慧识别体系（见图13-7）。

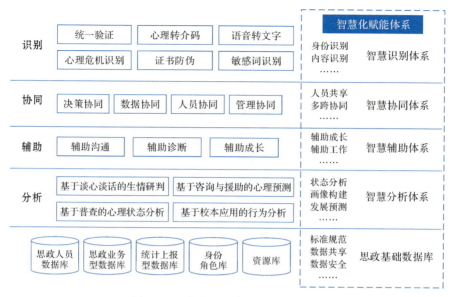

图 13-7　围绕数据构建智慧化赋能体系

一、思政基础数据库

思政基础数据库是智慧思政建设的核心，从数据分类角度上来看，可以分为涉及学生、辅导员、心理教师、思政教师、其他相关人群在内的思政人员个人基础信息及个人成长相关数据库，涉及辅导员谈心谈话、心理普查、心理咨询、心理援助、心理论证、辅导员能力大赛等业务相关的数据库，涉及人员角色权限的身份数据库，以及涉及各类思政案例、辅导员百问视频、心理专题学习视频、线下共享场馆等在内的资源库。为打造一个更具标准、开放、智能化的思政基础数据库，需要重点做好以下几个方面的工作。

①为思政核心业务数据制定省级标准，对思政个人信息表、各类成长记录表、学生信息表、谈心谈话记录表、心理测评数据表、专家号源表等各类数据制定相应的标准，以便统一规划相关数据的描述规范，进而实现数据的有效验证与对接。

②为平台与数据库开展相应安全标准的等级保护评定，并在此基础

上提供第三方尤其是高校的应用接入与接口调用在线申报服务，提供各类申请的在线审批、接入参数设置、账号及服务授权、黑白名单设置等服务。

③为实现数据共享，满足浙江省智慧思政多跨应用的构建需要，平台开发了用于同步谈心谈话对象以及谈心谈话记录、辅导员个人及成长记录、心理普查和咨询数据以及心理援助过程中自动挂号转介记录的API，并提供各类 API 文档的在线查询服务和在线调试接口的功能。

二、智慧识别体系

智慧识别是智慧思政平台的高级应用，具体场景如下。

①统一验证。浙江省级智慧平台的核心作用是对全省思政人员信息的实时精准把握，并在此基础上提供全省辅导员身份识别与统一验证服务，从而可以解决省校各级思政应用的身份验证问题。

②证书防伪。浙江省级智慧平台作为辅导员各类培训、考核、评比的平台，可以通过电子防伪手段为省级证书、资历、荣誉提供在线权威验证。

③心理危机识别。借助浙江省级智慧平台的心理测评、心理咨询、心理援助、谈心谈话等基础数据，采用语义分析等大数据技术，可以实现对心理问题、疾病、危机等的智能识别。

④心理转介码。目前，浙江省级智慧平台与各医院在心理转介合作过程中创造了"心理援助转介单"的合作模式，转介单上的心理转介码在心理援助对象识别、心理援助对象具体心理问题描述以及平台专家的初步诊断记录查看等方面发挥重要作用。

⑤敏感词识别。思政平台对于内容的敏感性与隐私性特别注重，在谈心谈话、心理援助等业务应用中，需要对相关内容进行自动识别，以免造成不良后果。

以上智慧识别的场景只是极为简单的应用，随着智慧思政平台功能与数据的扩展，关于身份、内容等领域的识别应用将愈加广泛深入。

三、智慧协同体系

智慧化的重要标志是业务的重塑与跨域协同，人员、数据以及业务的多跨协同是智慧思政协同体系的重要组成部分，具体场景如下。

①人员协同。主要是打破现有人员隶属关系与工作职能范畴的限制，实现人员的跨界流通与共享，例如，通过"浙里有约"平台实现校际人员的交流，通过"心理援助平台"实现全省高校及医院心理专家的共享，从而改变人才不均衡的现状，让人才发挥更为广泛的作用。

②数据协同。数据协同主要解决省校之间数据的同步问题，省级智慧平台通过制定标准、提供接口等方式实现校级数据与省级智慧平台的高效对接。此外，省级智慧平台还通过标准、科学、权威的数据能力为兄弟部门、各高校提供各类身份验证、统计报表、数据验证等支持。

③管理协同。思政业务往往涉及多个部门，需要进行跨部门协同，例如，当心理援助对象需要就医时就会涉及心理援助转介，实现浙江省级智慧平台与医院之间的有效协同；又如，浙江省级智慧平台交办各高校的任务，需要高校内部其他部门协同处理，这就需要省级智慧平台完善任务交办功能。

④决策协同。大数据分析的重要应用是为生情研判、宏观决策提供重要依据，例如可以通过省级智慧平台谈心谈话、心理援助等数据发掘热点与短板，确定培训主题等。

四、智慧辅助体系

海量大数据的重要价值是通过深度的处理和分析来体现的，处理和分析大数据可以发现其中潜在的规律，从而指导各类业务的开展。

①辅助沟通。可以基于海量的谈心谈话记录构建不同语境下的谈话要点、技巧，构建相应的谈心谈话知识库，进而在辅导员谈心谈话过程中提供引导和辅助。

②辅助诊断。根据海量的心理普查、心理咨询、心理援助数据，构

建在线心理健康诊断知识库，从而在开展心理咨询和援助的过程中，为思政工作者提供科学、有效的辅助。

③辅助成长。辅助成长可以面向学生，也可以面向思政工作者自身。例如，可以通过辅导员的个人基础信息、成长记录、业务表现、互动情况、经验分享等情况，构建辅导员的自身画像，明确辅导员在全省同行中的定位，辅助辅导员对自身发展有全面、客观的认知，从而引导其通过技能培训、专题学习、专家引领、朋辈互助、自主学习、资源推荐等方式促进自身的成长。

五、智慧分析体系

智慧分析体系旨在从海量的学生信息和学校信息中发掘有用的信息和知识，为高校思政工作的决策和创新提供支持。智能分析体系通常包括以下几个环节。

①数据采集。通过各种数据采集手段获取学生和学校的相关信息，如学生的学习成绩、课程表、心理健康状态等，以及学校的历史数据、课程安排、师资情况等。

②数据存储。将采集到的数据按照规范化的方式存储在数据仓库中，为后续的数据处理和分析提供便利。

③数据处理。对采集到的数据进行清洗、预处理和特征提取等操作，将原始数据转化为可用于分析的数据格式。

④数据分析。通过统计分析、数据挖掘、机器学习和自然语言处理等技术，从数据中提取有用的信息和知识，如学生的学习行为模式、学习成绩预测、心理健康状况预测等。

⑤数据应用。将分析得到的结果应用于实际的思政工作中，如个性化学习推荐、心理健康干预、学生成长评价等。

智能分析体系的优势在于，通过分析学生数据，能够及时发现潜在的问题和危机，并为学生提供有针对性的帮助和支持。例如，通过对海量的谈心谈话数据的主题挖掘分析，可以发现各个时期学生思想动态以及关注点的变化情况；通过对大学生心理普查数据的分析，可以获取全省高校大学生心理状态情况以及变化趋势、心理问题呈现的特点等；通过对心理咨询与心理援助案例的深入分析，可以对全省心理问题、疾病进行成因溯源及发展趋势预测；通过对各类门禁系统、一卡通消费、图书借阅、请假考勤等校本应用数据的深度分析，可以对学生具体的学习状态、社交状态、经济状态等进行有效的分析研判。

后　记

　　2021 年是浙江数字化改革的元年。全方位推进的数字化改革，打破了浙江各地方各部门各系统的传统业务流程，一子落而满盘活，破立之间，数字化改革在之江大地引领了一场系统性变革。浙江省教育厅提出了高校智慧思政建设的方向，给经费、给场地、给人员。正是在这样的背景下，2022 年 2 月 21 日，浙江省高校智慧思政专班正式成立，高校思政领域的数字化改革进入了快车道。

　　高校智慧思政系统的建设归口在浙江省教育厅宣传教育与统战处，陈雷处长对系统的建设提出了原则意见，系统要好用、管用、大家爱用，真正解决全省高校思政工作的痛点、难点问题，真正赋能思政工作高质量发展。

　　高校智慧思政专班的组长是浙江省教育厅宣传教育与统战处的丁晓调研员，成员有来自浙江大学的卢佳颖、浙江工业大学的黄钧辉、浙江农林大学的朱军、杭州电子科技大学的胡海滨、浙江树人学院的丁健龙，后来浙江科技学院的贾晓龙也加入专班。在组长的具体指导下，高校智慧思政系统的建设形成了日日有重点、周周有突破、月月有成果的良好态势。作为一个省级系统，没有可以借鉴和复制的范式，每一次讨论都是激烈的，每一步探索都是全新的，每一个方案都是原创的，面对的困难和挑战可想而知。

　　第一个挑战就是要回答好全省高校智慧思政建什么？数字化建设必须建立在对业务工作的深入思考上，在组长的带领下，专班成员不断讨论、不断聚焦，明确了省级层面"建标准、建硬核、建机制"的三大任务。

　　建标准，这个工作必须由省级统筹，各高校的数据标准各不相同，要推进全省高校思政数字化改革，基础性和先导性的工作就是高校思政数据的标准化。

建硬核，就是要围绕当前全省高校思政工作领域的重大需求，由省级统建开发若干具有基础性、实用性、牵引性和引领性的应用。

建机制，旨在激发高校思政数字化改革的内生动力，促进多跨协同，解决好高校间数字化改革推进的不平衡、不充分问题。

第二个挑战是省级智慧思政的硬核应用从哪里开始破题？组长发挥了关键核心作用，提出了思政数字化改革一切围绕人、关照人、方便人，从学生的思想引领、思政队伍的成长发展进行破题。

方向明确后，第一个开发的是全省高校谈心谈话数字化应用。谈心谈话是辅导员开展大学生思想政治教育最普遍、最直接、最重要的工作手段，也是高校思政工作中最高频使用的应用。高校心理危机援助数字化应用作为开发的第二个应用，针对大学生心理问题多发、频发的现状，解决高校因自身力量不足或自身不能解决的大学生心理问题。第三个应用为赋能思政队伍育人能力的提升，解决全省思政教育专家资源与思政队伍自身成长需求匹配的问题，开发了一款跨学校、跨时空、跨领域的多场景浙里有约应用。

数字化改革是一项复杂的系统工程，也是一个长期的螺旋式迭代过程。高校智慧思政系统就是如此，先拿出一版，小范围使用，发现问题，更新一版，不断往复，不断打磨，基本成熟后再扩大试用范围。2023年初，专班根据大半年的使用情况，对系统进行了重要的迭代升级，形成了综合集成的"一站式"思政工作台，形成了赋能思政队伍的个人成长中心、学习培训中心、交流发展中心、资源共享中心等四大中心，系统也从"管用""好用"到大家"爱用"。

这本书是全体专班成员的思想与实践结晶，凝聚着大家的集体智慧，事关书稿的书名与结构、内容和形式等都是专班成员一次又一次讨论的结果。胡海滨老师参与了本书第五章的执笔，朱军和卢佳颖老师参与了本书第六章、第九章的执笔，贾晓龙老师参与了本书第十章的协调与组织。

　　感谢浙江省首批九大特色应用场景的牵头建设高校对本书的大力支持，让更多的人可以了解浙江省高校在思政数字改革中的生动实践。杭州电子科技大学的"上课啦·学业在线"、中国计量大学的"启航啦·生涯在线"、浙江财经大学的"运动啦·活力在线"、浙江旅游职业学院的"实践啦·劳动在线"、宁波大学的"竞赛啦·学科在线"、浙江工业大学的"就寝啦·智慧社区"、温州医科大学的"智慧心理育人"、浙江农林大学的"浙里成长"、浙江理工大学的"浙里辅导员"等九大特色应用场景，均是业务价值高、可复制、可推广的"小切口、大场景"应用。

　　本书写作过程中还得到了浙江工业大学党委副书记陈杰教授、浙江科技学院党委副书记冯军研究员的指导，浙江大学出版社吴伟伟老师、梅雪老师对书稿的出版付出了辛勤的劳动，在此，表示诚挚的感谢。

浙江省高校智慧思政专班

2023 年 8 月